AF435532

TDA/H

Con T de TALENTO

NEUS GARCÍA ACERA

TOMO 2

TDA/H

Con T de TALENTO

Los niños brillantes que traen el Nuevo Paradigma en la Educación

Aprende a transformar la relación con tu hijo aplicando éstos conocimientos

Título: *TDA/H Con T de Talento*
© 2019, Neus García Acera

Autoedición y Diseño: 2019, Neus García Acera
Diseño de cubierta: Jonás Pérez Camacho
Imagen: Geralt - Pixabay

Primera edición: diciembre de 2019
ISBN: 978-84-18213-58-8

La humanidad está progresando hacia un nuevo concepto de Educación.

Es necesario que los padres reciban definitivamente la información correcta y no vean nunca más a su hijo como un problema sino como un ser con una energía y conocimientos extra-ordinarios.

Ahora es el mejor momento para ayudar a estos niños tan incomprendidos por la sociedad. Ellos son los que nos están dando la oportunidad de cambiar el viejo paradigma para empezar con una nueva mirada.

Son los niños de la Nueva Era que vienen con muchos Dones y Talentos y uno de esos dones precisamente es el que está peor entendido por las personas en general.

Dirigido a todas las personas que les importe un cambio en la educación.

RECOMENDACIONES

"Querido Lector: Enhorabuena por tu elección. El libro que sostienes en tus manos es una joya sin condición.

Sólo empezarlo, te atrapará. Escrito en lenguaje sencillo y personal. Vas a aprender tanto en él que cambiará tu forma de ver a estas personas. Te lo recomiendo 100%. Gracias Neus por tu gran obra."

Tania Carrillo Arias,
autora de la Saga El Sol de tu Corazón

"Tda/h con T de Talento es una luz para los padres de niños diagnosticados con Tda/h. Mientras la sociedad suele catalogar y poner etiquetas limitantes a estos niños, Neus García Acera comparte una reveladora guía para descubrir que estas personitas no solo son seres completos y perfectos, sino que tienen grandes talentos que de otra forma son ignorados. Hermosa obra sin desperdicios".

Estefanía Abaroa,
autora de la Saga Re-born

"Si como yo te has sentido alguna vez impotente frente a un niño con dificultades de atención e hiperactividad, comprender qué es el tda/h, cuáles son las consecuencias y, principalmente, saber qué es lo que puedes hacer por ayudarle, este libro te será de gran ayuda, y no solo éste. Neus ha escrito una trilogía dedicada a ayudar a padres, maestros y, también a los propios adolescentes o adultos con estas características. De manera que puedan conocerse mejor y pongan en marcha estrategias para mejorar sus vidas."

Livia Escobar, autora de la trilogía romanesca
"Lola Baltazar decide viajar"

"He leído tu primer libro y sigo entusiasmada con la propuesta de este segundo tomo! Gracias por compartir lo que sabes y procurar que abramos más nuestra consciencia".

Viviana Master Reiki Docente
En ciencias Jurídicas y Contables. Esteticista

"Me encanta la manera en que la autora aborda este tema porque permite conocer la verdadera condición que se esconde bajo estas siglas. Si realmente comprendes todo lo que ella expone, sabrás de una vez por todas que las circunstancias y condiciones lejos de ser una desventaja, llegan a ser incluso una verdadera bendición y cuando se logra detectar como tal, la plenitud y el progreso personal llegan sin límites ni obstáculos "

Lic. Diana Zaira, autora de la Saga ZAMADI.

Me ha encantado la temática que trata en este hermoso libro ,resulta ser muy necesario en estos días ya que aún falta mucho que crecer en como vemos y actuamos con respecto a nuestros hijos y como les preparamos para la vida en el ámbito de relaciones y la escuela. Lo importante es potenciar sus capacidades y aquí puedes encontrar las herramientas que necesitas; una hermosa forma de amar a tu hijo .y a la vez de la mano de su grupo educativo que con conocimiento pueden aplicarlo con sabiduría para estos inteligentes niños de la mano del amor y respeto.

Muchas gracias por esta Valiosa ayuda Neus .

Vanessa Campos, Pedagoga General Básica

Cuando un libro se escribe desde la experiencia, salen resultados maravillosos, y eso es lo que ocurre con este libro y las personas con TDAH. La herramienta que necesitas para entenderte y educarte a ti y a los niños con dichas características.

Cristina Gutierrez Cordero

ÍNDICE

INTRODUCCIÓN

Querido lector, vuelvo a estar contigo para seguirte apoyando en esta andadura del crecimiento personal en las personas con un exceso de atención y/o energía. No obstante, en esta ocasión trataremos la Educación con la atención puesta en los niños y adolescentes diagnosticados con "Tda/h" para que padres y educadores entendáis realmente cómo es un niño con esta característica; el porqué de su comportamiento y cómo se le puede ayudar para que no pierda todas las cualidades y talentos que posee.

Mi intención es seguir en la línea de honrar a estos niños y normalizar su actitud, que por otra parte no tiene nada que ver con lo que nos han hecho creer.

Sé lo que significa sentir el abandono emocional por ver y sentir de forma diferente y todo lo que conlleva.

Mi compromiso es grande y por eso no sólo he escrito un libro, sino una trilogía, para poder englobar a toda persona que pueda estar relacionada con este tema o se sienta identificada y darle soluciones.

Quiero que me acompañes en el nuevo paradigma.

Si has leído el anterior tomo, debes haber hecho un cambio interiormente y si eso es así te felicito.

A partir de ahora todo lo aprendido hasta el momento se va a desvanecer y por fin se te va a revelar la nueva realidad.

Empezaremos por situarnos en este instante para no perder ninguna información y continuar el camino que tanto a ti como a tu familia os llevará a la transformación y éxito personal.

Hay un proverbio Zen que dice "Cuando el alumno está preparado aparece el Maestro". Así es. De igual forma que el buen maestro aprende de sus alumnos los padres lo hacen de sus hijos.

Ellos no tienen por qué traer experiencias dolorosas. La mayoría de las veces son cosas bonitas que te llenan de amor, te hacen desarrollar la bondad, la empatía, ser más tolerante, te hacen replantearte cuestiones que antes pasaban desapercibidas o no les dabas mayor importancia.

Pero si además tu hijo está diagnosticado con Tda/h, tu aprendizaje y enriquecimiento es un hecho.

Iremos paso a paso.

Vamos a crear el molde para que tu hijo encaje perfectamente en la persona que ha venido a ser y no se vea condicionado por la opinión que los demás tengan de él.

Deja a un lado cualquier condicionamiento y déjate llevar. Céntrate en todos los instrumentos que voy a poner a tu alcance para que por ti mismo puedas comprobar los cambios y lo más importante, que reconozcas a tu hijo como el ser perfecto y completo que es.

Aquí vas a encontrar explicaciones que muy probablemente nunca antes hayas leído sobre éste tema.

Mi consejo es que no te quedes con lo superficial sino que profundices en su significado.

Resumiendo, este libro pretende ser un instrumento que te ayude para la adecuada educación de tu hijo.

Conecta desde este momento con el amor y el respeto. Ten una actitud coherente y serás su mejor ejemplo.

Estoy deseando compartir contigo todo lo que descubrirás acerca de él y también de ti, porque me importáis.

Vamos entonces a entrar en materia.

MI MENSAJE PARA TÍ

Estás a punto de empezar a leer el segundo tomo de ésta trilogía, escrita desde la consideración y la intención de aportar el máximo conocimiento y valor a todos aquellos padres, familiares y docentes que diariamente tratan con niños y adolescentes diagnosticados con Tda/h (lo que a mí me gusta llamar EA/E).

Quiero que con toda la información expuesta en estas páginas, reconozcas todos los Dones y Talentos de estas personitas tan especiales y maravillosas.

Verás que durante esta trayectoria que vamos a emprender juntos me reitero en lo mismo desde diferentes enfoques. El motivo es porque quiero ayudarte a que entiendas mejor a tu hijo y cambies tu viejo patrón de pensamientos. Tus creencias limitantes sofocan la luz, el brillo que desprenden estos niños. Te sugiero que te centres en toda la información y recursos expuestos aquí.

Permítete descubrir su tesoro mejor guardado.

Cuando acabes de leer éste libro te haré una pregunta.

Goza y aprovecha estos minutos. Nos vemos en las siguientes páginas.

UN POCO SOBRE MÍ

"Ser diferente no significa tener un problema, significa que has venido a brillar y mostrar tus talentos porque tienes algo importante que ofrecer a la humanidad".
-Neus García Acera-

Amado lector, si todavía no me conoces quiero presentarme de nuevo. En el anterior tomo de esta trilogía explico mi experiencia con respecto al diagnóstico del Tdah que sufrí de pequeña y que marcó mi infancia.

Debido a ello estuve con tratamiento farmacológico con Ritalina, lo cual provocó un retroceso en mi actividad cotidiana. Pasé de ser una niña muy movida, despierta, enérgica a portarme con más lentitud y sintiéndome mucho más absorta. Algo en mí había cambiado y no sabía por qué ni para qué...Han tenido de pasar muchos años para obtener las respuestas y darme cuenta de qué iba todo.

Abstraída en mi mundo, las etiquetas no dejaban de sucederse: "eres muy lenta", "siempre eres la última", "no te enteras de nada", "estás en la luna", "te quedas encantada".. Acompañado siempre de un tono crítico y negativo, tanto en la escuela por parte de los profesores como en la familia.

Empecé a creer en esos mensajes, a hacérmelos míos y a empezar a dejar de ser yo misma para convertirme en alguien que los demás habían creído acerca de mí.

A partir de aquí, todo se hizo cuesta arriba: sacar malas notas en general menos en lo que me gustaba que eran los idiomas; tener problemas para relacionarme con los demás niños del colegio y sentirme como una marioneta a la que cada ser que se acercaba a mí manipulaba a su antojo.

Ciertamente y como verás más adelante, las personas diagnosticadas con Tda/h son muy despiertas, tienen una imaginación desbordante y ello les lleva a ser erróneamente catalogadas con "déficit de atención". ¡Nada más lejos de la realidad!.

Estimado lector, sea cual sea la experiencia que hayas pasado o estés pasando con tu hijo, quiero darte un aliento de esperanza y estoy segura que conforme vayas leyendo te vas a ir dando cuenta del ser tan maravilloso e inteligente que tienes a tu lado.

Toma una o varias respiraciones, vamos a iniciar el camino.

INICIAMOS EL CAMINO

¿DE DÓNDE VENIMOS?

Esta pregunta se puede prestar a confusión. Parece una pregunta trascendental ¿verdad?. Pues déjame decirte que también tocaremos temas espirituales y no te confundas, no tienen nada que ver con la religión sino más bien con el sentido de la vida, de los mensajes que ésta nos trae y de estar conscientes de todo lo que nos pasa <u>porque todo pasa por algo</u>. Es la ley de causa y efecto. Por si no te suena te explico brevemente que se trata de una ley universal en la que se afirma que nada ocurre casualmente sino que todo tiene una causa. Es decir, no eres padre o madre de tu hijo por casualidad sino por causalidad. Lo irás entendiendo conforme vayas leyendo los capítulos.

En el anterior tomo ya hice referencia a las posibles causas del exceso de atención y/o energía que se podían dar en las personas. Te informé de que las causas podían ser:

1. Genéticas.

2. Biológicas.

3. Del transgeneracional (figura del padre, tipo de embarazo de la madre, cómo se desarrolla el parto..)

Expliqué el por qué no es un trastorno, sino una cualidad y que estaba mal entendida por la sociedad. Paralelamente desplegué todos los recursos que puedes necesitar para potenciar tu extra-ordinario Don que es tu energía (y/o la de tu hijo). Hay también a tu alcance ejercicios prácticos destinados a que seas consciente y utilices tu energía desde el entendimiento de cómo funciona, pues no nos han enseñado a encauzarla. Además puedes obtener resultados maravillosos si aplicas las técnicas de bienestar y equilibrio que te facilito. El trabajo que te propongo es muy sencillo y divertido. Sólo es cuestión de querer aprender para cambiar toda la información obsoleta que ya no te sirve.

Casos como el de Winston Churchill, Walt Disney, Thomas A. Edison y muchos más son ejemplos de historias personales con finales exitosos que han pasado por la dura experiencia en su infancia de ser etiquetados como "enfermos mentales", "niños difíciles", "problemáticos" o "distraídos".

Te hago tomar conciencia del inminente cambio de paradigma que ya está en marcha porque tú, yo, muchos padres y muchas personas como nosotros saben que si continuamos aceptando los mismos errores todo seguirá igual y si se mantiene de la misma forma los cambios jamás se darán.

"No dejes que la coherencia brille por su ausencia"
-Neus García Acera-

¿HACIA DÓNDE VAMOS?

Vamos hacia el nuevo paradigma. A conquistar el camino del nuevo concepto sobre el "Tdah" para que tu familia y tu podáis brillar desde un nuevo horizonte.

Quiero llevarte por un sendero lleno de luz y esperanza, dónde prima la coherencia y se permite que cada ser manifieste sus dones y talentos.

Mientras vayas leyendo vas a descubrir el Tda/h desde otra perspectiva. Como decía, tenemos la información antigua que define al niño enérgico como problemático, difícil, con un posible problema mental, conflictivo, desobediente, con problemas de aprendizaje y para socializarse... Te demostraré porqué todo ello es información antigua que ya no has de tener en cuenta y te enseñaré cómo a partir de ahora debes tratar éste tema.

Finalmente conseguirás lo que es el objetivo de éste libro: ver a tu hijo como un ser con un Don extra-ordinario, con sus talentos y saber cómo reconducir su educación.

¿Estás listo? Pues vamos a recordar lo que también tu y yo fuimos en un pasado..

ESOS SERES BAJITOS

"¿Qué es un niño? Un experimento. Un puro intento de producir el hombre justo... que es elevar la humanidad al plano divino"
-George Bernard Shaw-

Adentrémonos en el mundo de los niños. Yo los describo como los "angelitos humanos".

Los niños viven en un mundo donde no hay límites, lleno de imaginación, ensoñación, fantasía, magia e ilusión. Sin embargo, entre los 3 y 7 años suelen tener impactos emocionales que significan dramas vividos por situaciones provocadas por su entorno. Es un momento dónde su subconsciente que hasta ése momento ha estado limpio, empieza a "ensuciarse" con creencias limitantes. A partir de aquí surge la mente lógica y racional creando asociaciones que delimitaran las posibilidades en el futuro. Sucede cuando por ejemplo le prohíbes practicar un deporte o actividad que le gustaría mucho aprender porque está muy lejos de casa, porqué en invierno se puede constipar, porqué es demasiado caro, porqué a ti no te gusta, porqué… lo que sea.

Otro ejemplo podría ser no cumplir con tu palabra. Le prometes a tu hijo que iréis al parque o al cine o a hacer un paseo, o una excursión y cuando llega el momento decides no ir sin darle una explicación que él pueda entender ni prometiéndole una nueva opción que sí puedas cumplir con seguridad.

> Si a tu hijo lo estimulas y le creas una imagen de sí mismo y del mundo potenciadora sin causarle ninguna limitación, podrá lograr lo que se proponga en el futuro.

¿Te has fijado que cuando los niños juegan todo es perfecto para ellos? Y si hay alguna diferencia enseguida llegan a un acuerdo. Se sienten seguros porque todavía mantienen limpias sus emociones.

Muchas personas los tratan como personitas inmaduras y ése es un fallo de los adultos porque la realidad es que los niños no dicen incoherencias. Ven más allá de lo que tú puedes ver. Tú también estuviste ahí, pero la vida con sus experiencias y enseñanzas te fueron alejando hasta convertirte en la persona que eres hoy.

¿Recuerdas tu infancia? ¿Cómo te recuerdas de niño? ¿Fuiste feliz?

<u>EJERCICIO</u>

Vamos a hacer un ejercicio para que tomes conciencia.

1. Ponte cómodo, da igual si estás sentado o acostado. Cierra los ojos.

2. Echa la vista atrás y recuerda algún trauma de cuando eras niño.

3. Siente la emoción y obsérvate. ¿Dónde localizas la emoción en tu cuerpo?

4. Pon toda tu atención en la parte del cuerpo dónde la sientes y conecta con el sentimiento de amor.

5. Mira cómo se deshace. Respira tres veces y siente la liberación.

Has creado el espacio y momento para seguir unido a la intensidad del mundo infantil al recordar tus emociones en esa etapa. No desconectes porque ahora te invito a que te pongas en la piel de una niña…

AMIGO INVISIBLE

Querido Amigo,

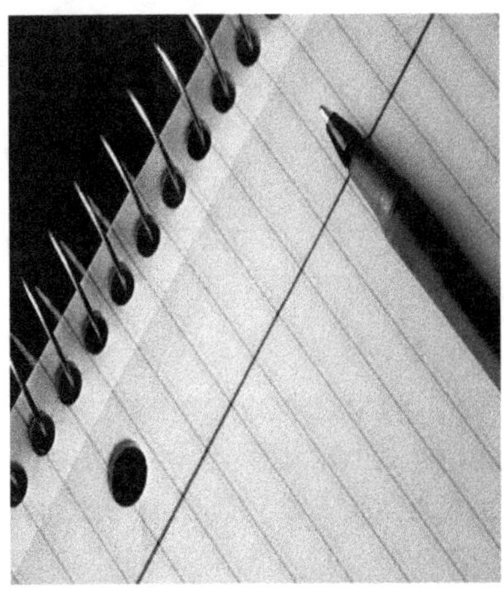

Te escribo esta carta porque me siento muy sola e incomprendida.

No quiero ir al colegio porque me aburro. No me interesa lo que me explican y tampoco entiendo por qué lo debo aprender. Sólo pienso en ir al recreo y se me hace eterno hasta que no llega la hora.

Sé que no soy tonta ni tengo ningún problema para asimilar los conceptos, a pesar de lo que digan los médicos o profesores. Sé que estoy capacitada para entender lo que me explican, como cualquier otro niño de mi edad. Sólo que a mí me cuesta estar quieta y preferiría aprender de diferente manera.

Nadie me pregunta qué es lo que más me gusta y me siento imperceptible. Sólo siento consuelo cuando juego, dibujo o voy en bicicleta.

Memorizo fácilmente las letras de las canciones, incluso en idioma extranjero.

Me encanta la danza y cuando la practico me sé los nombres de todas las posturas y disfruto realizándolas.

Cuando viajo con mis padres, me acuerdo de todos los lugares que visitamos, los nombres de las calles y dónde se sitúan en el mapa. Si voy de excursión a la montaña, también me acuerdo de los lugares que visito, del nombre de las flores y los árboles, los animalitos que hay en la zona, las personas que trabajan en el campo.

Me gusta jugar e imaginarme historias, me gusta inventarme cuentos. A menudo hablo con los personajes que creo. Son mis amigos y nunca me abandonan. Con ellos también aprendo porqué me dan consejos que nadie de mi entorno me sabe dar, ni tan sólo mis padres. Me escuchan, me dan todo el apoyo que necesito.

Amo a mis padres tal y como son y estoy convencida de que ellos también me aman a mí. Lo único que a veces se me hace difícil entender por qué reaccionan enfadados conmigo y me riñen tanto. Yo no hago nada para fastidiarlos. Sólo quiero jugar y expresar mis deseos.

Muchas veces recurro a mi fantasía y me imagino cómo me gustaría que fuera el colegio. Un lugar dónde el profesor estuviera por mí, se interesara por lo que más me apasiona y le pudiera explicar mis aprendizajes de forma lúdica, amena, divertida. Que fuera un espacio dónde pudiera compartir también con otros niños pero que mi aprendizaje fuera individual. Me encanta experimentar por mí misma.

Amigo, hay muchas cosas que no entiendo y me cuesta amoldarme a lo que los mayores me instruyen.

Gracias por escucharme siempre. Tú y los personajes de mis cuentos sois mis mejores amigos.

Por favor no me abandonéis. Os amo.

Firmado: Una niña diagnosticada de Tdah.

Amigo lector, hay muchos niños que tienen amigos invisibles y eso ¿sabes a qué se debe? Pues muy probablemente a la soledad. Se sienten solos por diversas razones y en el caso de los niños con exceso de atención y/o energía se puede deber a la incomprensión del entorno con respecto a ellos.

¿No crees que ya es hora de que los adultos hagamos el esfuerzo por entenderlos?

Hoy en día hay demasiados niños diagnosticados con Tda/h y la gran mayoría están sobrediagnosticados. Por el bien de estos niños, cambiemos esta situación poniendo los medios para entender su forma de pensar, de sentir y de actuar. Ser diferente no significa ser menos inteligente.

Y referente a éste tema tengo información que te va a sorprender y en la que encontrarás bastante alivio. Todo a su debido tiempo porque no podemos superar los obstáculos, sin entrar de lleno en el problema.

EL NIÑO DIAGNOSTICADO CON TDA/H

"Esto prometo: ejercer mi medicina y no apartarme de ella mientras Dios me consienta ejercerla, y refutar todas las falsas medicinas y doctrinas. Después, amar a los enfermos, a cada uno de ellos más que si de mi propio cuerpo se tratara. No cerrar los ojos, y orientarme por ellos, ni dar medicamentos sin comprenderlo ni aceptar dinero sin ganarlo."
-Paracelso-

Éste maravilloso médico, alquimista, astrólogo y pionero de la homeopatía utilizaba todos sus conocimientos para tratar la enfermedad del ser humano desde su origen. Y por supuesto se focalizaba en las emociones. Él ya creía en una fuerza vital controlada por la imaginación, a la que llamó "arqueo", la cual podía provocar efectos saludables o enfermizos.

¿Te imaginas un sistema sanitario que cumpliera con esta máxima? Estoy segura que los hospitales no estarían tan llenos.

La hiperactividad se puede manifestar desde la gestación, dónde el bebé absorbe toda la información emocional que la madre le va transmitiendo.

Y no sólo eso, mientras el feto crece, es una esponja que se impregna en su inconsciente de todo lo que le rodea.

Tda/h significa Trastorno por Déficit de Atención e Hiperactividad.

Éste es el nombre que el Dr. Leon Eisenberg puso a los niños que se caracterizaban por ser movidos, impulsivos, distraídos, etc. Y fue el mismo doctor que antes de morir confesó que el Tdah es una enfermedad ficticia. También dijo que era más fácil dar un tratamiento farmacológico "prescribir una pastilla contra el Tdah es mucho más rápido y mucho más ventajoso para el negocio de la psiquiatría".

Estos niños presentan un patrón de comportamiento diferente a la mayoría de niños y ello significa que son un reto para las personas que interactúan con ellos, sobre todo los padres y profesores.

Eric era un niño de 9 años que no le gustaba nada ir al colegio porque se aburría enormemente. Atendía la primera explicación del profesor pero la segunda ya estaba distraído y "molestando" a sus compañeros. El profesor siempre le tenía de llamar la atención y se llevaba más de un castigo.

Eric es el ejemplo de tantos y tantos niños que sufren el sistema educativo implantado en su país, que sólo permite un comportamiento: el de estar sentado, sin moverse. ¡Estamos hablando de niños!. ¡Cómo podemos pretender que un niño esté sentado y atendiendo a una persona que da una explicación en la cual él no entiende porqué ha de escuchar!. Eso es adiestrar.

¿Por qué hemos de encontrar la actitud enérgica de un niño como algo problemático? Los niños necesitan investigar, descubrir, experimentar, conquistar sus aprendizajes, progresar en su autonomía a su propio ritmo. Es mucho más saludable un niño con estas características que un niño excesivamente tranquilo o sumiso.

Cuando el niño se pone nervioso, irascible, rebelde y toma una actitud que para su entorno es incorrecta, el niño desborda su exceso de energía. Todo el potencial que tiene se ve alterado por los desequilibrios que él percibe del exterior y le afecta en:

- Dormir peor o tener insomnio.

- Le cuesta aguantar el pipí.

- Está más irritable.

- Tiene una sobre atención.

- Baja tolerancia a la frustración.

- Usa la agresividad para resolver situaciones que le incomoda.

La clave del éxito en la educación de cualquier niño es permitirle ser quién es realmente.

En el caso de los niños diagnosticados con Tdah éste hecho se debe imponer mucho más y la razón también es muy obvia cuando sabes sus características:

✓ Tienen una Alta Sensibilidad.

✓ Tienen una alta percepción espiritual y energética.

✓ Muy intuitivos.

✓ Con mucha seguridad en ellos.

✓ Con gran capacidad para resolver las situaciones por sí mismos.

✓ Con gran capacidad de adaptación al cambio.

✓ Líderes (cuando poseen habilidades sociales)

✓ Absorben la información como esponjas cuando un tema les atrae.

✓ Muy observadores.

✓ Aman profundamente a sus padres y les son muy leales. Por eso, cualquier disgusto que se les proporcione por no ser bien entendidos les puede causar un profundo sentimiento de culpabilidad.

✓ Les gusta aprender de los adultos e intentan siempre estar atentos en las conversaciones que éstos mantienen.

✓ Gran personalidad. No se dejan manipular. Perciben más el lado interno de las personas que el externo. Por lo tanto, no se dejaran llevar por un comportamiento externo, porque ellos ven lo que hay en el interior.

✓ Cariñosos.

✓ Con una energía desbordante.

✓ Con gran capacidad para atender varias cosas a la vez.

✓ Sabios. Sus contestaciones muchas veces son de un nivel por encima de su edad.

✓ Prefieren hablar con adultos que con niños.

Probablemente estas características no son las que normalmente detallan los profesionales, pero existen. Evidentemente siempre partimos de que cada niño es un mundo y no se puede generalizar. Cada caso es muy particular porque las causas son muy diferentes en cada niño y eso es primordial tenerlo en cuenta.

De la misma manera tampoco es cierto que todos tengan un problema mental, sean problemáticos, con déficit atencional, etc.

Si bien es cierto que también pueden ser:

✓ Impulsivos.

✓ Distraídos.

✓ Desordenados.

✓ Desorganizados.

✓ No aceptan la autoridad porque no la entienden como justa y nunca harán las cosas "porqué sí".

✓ Absorben fácilmente las emociones de los demás debido a su alta sensibilidad.

✓ Se aburren.

✓ No se sienten integrados.

✓ Tienden a cerrarse en su mundo interior llegando a pensar que hay algo malo en ellos.

Insisto, estas peculiaridades se pueden dar en unos y en otros no. Cada niño es único, si bien todos ellos traen una energía diferente, poderosa.

Una madre me preguntó "¿Cómo puedo saber el grado de hiperactividad que tiene mi hijo?"

Esta pregunta puede ser que te la hayas hecho alguna vez. Mi respuesta es que no existen grados, sólo situaciones a superar y mi cometido es darte todos los recursos que dispongo. Entiendo que al principio estas palabras te provoquen cierto estrés, desconfianza, incredulidad, pero confía en que este universo es infinito y también hay soluciones infinitas, sólo que no nos hemos molestado a hallarlas.

Quiero extenderte mi mano para que no te sientas solo o sola y ayudarte a entender a tu hijo; así como a que vuestra relación cada día sea mejor y mejor.

Sigue leyendo. Vamos gradualmente, para no perdernos ningún detalle.

¿POR QUÉ ACTUAN ASÍ?

"Un oso recorría constantemente, arriba y abajo, los seis metros de largo de la jaula, el oso siguió recorriendo arriba y abajo los mismos seis metros, como si aún estuviera en la jaula... y lo estaba ... para él"

–Anthony de Mello–

He utilizado éste cuento como alegoría de cómo se puede sentir un niño con exceso de atención y/o energía cuando lo limitan constantemente. La persistente "corrección" en su actitud a la larga provocará que el niño ya no sea él mismo aprendiendo así con los años a recurrir al auto-sabotaje, no permitiendo conocerse ni conseguir ningún logro por ser él mismo.

Muchos niños y adolescentes de hoy en día viven pensando y sintiendo que no encajan en la sociedad. El sistema educativo tampoco les ayuda a manifestar sus Dones y Talentos y éste es el principal problema para ellos, pues se sienten como cautivos de unas normas que los limitan y alejan de quienes son realmente.

Es imprescindible cambiar la perspectiva de todo lo conocido hasta ahora. Lo importante es que el niño se percate de que se le entiende, se sienta acompañado y protegido a la vez que libre para expresar su pensar y sentir. Necesita saber que sus padres le aman de verdad y sólo lo entenderá si le respetáis, le demostráis amor incondicional y no menospreciáis su sabiduría. Como ya he remarcado en muchos fragmentos a lo largo de éste tomo y el anterior, estos niños conocen muy bien a las personas que los tratan y cualquier actitud que les lleve a entender que no se les respeta, les llevará a actuar de forma rebelde y/o agresiva.

¿QUÉ NECESIDADES TIENEN?

1. Que seas consciente y capaz de conectar con su sentir; capaz de expresar tus emociones e interactuar con él en este sentido.

2. Nuevas formas de aprender en la escuela, con nuevas metodologías. Por ejemplo saber qué actividad es la que sigue para establecer una rutina y avisarle con antelación si va a haber algún cambio.

3. Una educación sin autoritarismo porque lo alejará de ti, de los adultos generándole impotencia además de herirle emocionalmente.

4. Los castigos debilitan su conciencia. Es un sistema tan antiguo que no lo entiende y puede reaccionar con agresividad o rebeldía. <u>Sólo responden si hay acuerdos.</u>

5. Fomentar la confianza, la fortaleza interior y la autodisciplina.

6. Expresar sus Dones y Talentos.

7. Ser reconocido por quién es realmente. Él lo sabe muy bien y necesita que tú también se lo reconozcas.

¿QUÉ MÁS NECESITAN?

1. Respetar su ritmo para no agobiarlo.

2. Cuando se bloquea necesita saber rápidamente, qué otras alternativas hay, cual ha de ser el siguiente paso.

3. Saber inmediatamente cómo está realizando la tarea que se le pide.

4. Darle las explicaciones pausadamente para que pueda secuenciar las instrucciones una a una. Pedirle que las repita para su seguridad.

5. Asignar períodos de trabajo cortos, con metas a corto plazo.

6. No dejes que tu hijo absorba tu paradigma. Enséñale a ser autónomo y que viva desarrollando y potenciando sus talentos.

Hay demasiados niños mal etiquetados, mira los datos a nivel mundial...

EL DIAGNÓSTICO DEL TDAH A NIVEL MUNDIAL

España es el segundo país a nivel mundial con más niños diagnosticados con Tdah por detrás de Estados Unidos que es el primero. Veamos qué dicen las estadísticas a nivel mundial:

5,29% TDAH en niños

5% TDAH entre niños y adolescentes

6,8% TDAH en niños

En mi investigación por poderte aportar datos de interés, he tratado de hallar casos de niños con Tda/h en Finlandia y no he podido encontrar absolutamente

ninguno. Sólo se hace referencia a un 5% de fracaso escolar y no es precisamente por ser diagnósticos Tda/h. Ése país tiene un sistema educativo que me fascina. Te lo explico más adelante. Verás cómo una de las claves de su éxito es la libertad que los niños tienen para expresar sus talentos.

Realizando la búsqueda para descubrir más información me encontré con el siguiente titular "Por qué en Francia hay apenas niños con Tda/h".

Ello se debe a que los psiquiatras franceses se enfocan en hallar las soluciones que inciden en el niño a nivel social y de ahí encuentran estrategias para centrarlo y que pueda llevar una vida normal. Así mismo se tiene muy en cuenta la correcta alimentación que es sumamente importante para reducir la hiperactividad al igual que lo es el estilo de crianza. Se marca mucho la jerarquía entre padres e hijos, de esta manera se mantiene la estructura en la familia y no pasa como en otros países dónde el hijo casi tiene más poder que los propios padres.

Por lo tanto, los aspectos que a nivel educacional influyen positivamente en los niños en general y teniendo en cuenta a los niños más enérgicos con exceso de atención son:

- Un sistema educativo o pedagogía que favorezca su forma de expresarse libremente.

- Que en la familia haya una buena base estructural, dónde esté bien delimitada la jerarquía familiar para que en la familia se revelen valores tan importantes como el respeto, amor, responsabilidad o gratitud.

- Una alimentación que vaya a favor de su sistema nervioso.

DEL TDA/H AL EA/E

Déjame aclararte éste tema. De ello te hablo en el anterior tomo, pero en éste voy a ampliar éste asunto que me parece fundamental clarificar.

Sabemos que el Tda/h significa Trastorno por Déficit de Atención e Hiperactividad. Pero, ¿realmente hay un trastorno? Y otra cosa ¿no crees que hay demasiados niños diagnosticados de Tda/h? ¿A qué se debe?

En el estudio que llevo realizando desde que tengo uso de razón he visto muchos indicios de que ciertamente no hay ningún problema o desequilibrio mental y que no existe ningún trastorno.

Empezaré por el principio, veamos qué significado tiene la palabra TRASTORNO, cuál es su etimología.

Proviene del verbo TRASTORNAR, que significa cambiar o alterar la esencia de una cosa o modificar el desarrollo normal de un proceso; es decir, sufrir alguna alteración dentro de lo que se considera normal. TRAS procede del latín TRANS que significa "al otro lado" y el verbo TOMARE cuyo significado es "girar, trepanar". Así la palabra Trastorno literalmente significa "un giro al otro lado".

DEFICIT significa "falta" en latín.

ATENCION viene del verbo ATENDER, ATTENDERE en latín. Está formada por el prefijo "ad" que significa PROXIMIDAD y el verbo TENDERE que significa "tender o estirar". Literalmente significa "estirarse hacia".

HIPERACTIVIDAD viene del griego HIPER "sobre" y ACTIVUS "activo", es decir "ser muy activo".

De todos estos significados , el único que me resuena es el último "ser muy activo". Y ello no ha de ser en absoluto ningún problema.

La definición "un giro hacia el otro lado" me ha causado cierta simpatía. Si analizamos bien esta frase, significa ir hacia el lado contrario, o hacia el polo opuesto ¿De qué? ¿De lo que se espera ha de ser lo correcto? De acuerdo, si vamos al polo opuesto nos encontramos con palabras como "parado", "excesivamente tranquilo", "lento"...

Permíteme decirte que ningún extremo es bueno, sin embargo el sistema educativo actual (que es el mismo desde el siglo XIX) apuesta por esta última opción. Te invito a que medites por un momento ¿qué puede ser más peligroso o traer más problemas, la actividad que se corresponde a la acción y es vida, vitalidad, vigor, fuerza, energía o es mejor tener un carácter flemático, con apatía y excesiva tranquilidad?

¿Y sabes qué significa también tener energía? Potencia, poder, eficacia, fortaleza, ánimo, tesón, firmeza, voluntad.

¿Ves algún significado negativo en éstas palabras? Seguro que no porqué todas ellas llevan al éxito. ¿Dónde está el problema entonces? En cambiar el significado real de las cosas y los hechos.

Sinceramente "el giro hacia el otro lado" es el que la sociedad ha permitido darle a éste tema y las víctimas han sido los niños y las personas que con el tiempo han descubierto que sienten, piensan y actúan de forma diferente a lo que se supone es lo perfecto o correcto: la extremada tranquilidad, la sumisión, la obediencia, el conformismo..

En contestación a por qué hay tantos niños diagnosticados con Tda/h un argumento podría ser porque los síntomas no están bien especificados y lo que existe es un sobrediagnóstico. Como decía Leon Eisenberg, su descubridor, "prescribir una pastilla contra el Tdah es mucho más rápido".

En resumen sobre éste tema, el problema no lo tienen los niños, sino la sociedad que permite todas las incoherencias relacionadas con ello y que afectan directamente a la salud física, emocional y mental del niño y a su familia.

Vayamos ahora a analizar qué significa EA/E y si es congruente con la explicación que te voy a dar a continuación.

Exceso de Atención y/o Energía. Se refiere a cuando una persona, en este caso en la infancia se manifiesta con una energía desbordante, con mucha acción, mucho movimiento y que además puede también tener un exceso de atención, es decir que la atención la puede poner a varias cosas a la vez, dando una sensación desde fuera de distracción, pero que en absoluto es así.

Alguna madre me ha dicho "es que cuando le doy alguna orden tampoco está atento y se la tengo que repetir varias veces hasta que lo hace". La traducción a todo esto es: el niño presta atención a varias cosas a la vez mientras oye el mensaje que le están dando. No se concentra en lo que le están diciendo porque no forma parte de su prioridad.

Luego se centra en aquello que más le llama la atención y le interesa. Cuanto más le guste o le interese aquello que está pensando menos oye la orden que le dan.

En el caso de que el niño estuviera en tratamiento farmacológico, es una razón de más para que al niño le cueste atender ya que los efectos de la medicación son adversos y le pueden provocar una desatención.

Más adelante profundizaré con el tratamiento farmacológico. Ahora quiero continuar con más información acerca del Exceso de Atención y/o Energía.

Lo que sigue ahora quizás no te sorprenderá si has leído el anterior tomo, pero si no es así, vas a descubrir a continuación el secreto mejor guardado de los EA/E.

No te esperas esta revelación..

EL DON DE ESTOS NIÑOS

Sí, has leído bien, el Don. Todas las personas diagonsticadas con Tda/h tienen al menos un Don. Y éste es su exceso con atención y/o energía. ¿Sorprendido?. El problema siempre es el mismo, la desinformación o peor aún, la información errónea.

Como dice la sabia reflexión del escritor español Ramón de Campoamor *"En éste mundo traidor nada es verdad ni mentira, todo es según el color del cristal con que se mira"*.

Cualquier veredicto, conclusión, criterio, juicio es siempre subjetivo y más en el caso que nos ocupa de los niños diagnosticados con Tdah, pues es sabido y demostrado que no hay suficientes pruebas científicas que demuestren que hay un problema.

Tener un Don designa tener una habilidad o capacidad que tiene cierta relevancia, que sirve para distinguirla del resto y que con ella la persona es capaz de realizar diversas acciones. ¿Se cumple esta definición en los niños EA/E? En mi humilde opinión, sí. Tener un exceso de energía o de atención es una cualidad.

Pongamos el ejemplo de un deportista de élite. Una de las cualidades que debe poseer es la de tener suficiente energía para poder llegar a tener un mejor rendimiento. Hay varios deportistas diagnosticados o que reconocen ser Tdah, entre ellos Michael Phelps, nadador récord de mayor número de eventos olímpicos en la historia; 28 medallas incluyendo 23 de oro. Tuvo la suerte de descubrir su Don dedicándose a la natación. Explica que no podía permanecer quieto en clase, sin embargo podía nadar hasta tres horas en la piscina, después del colegio. Su exceso de energía y de atención lo depositó todo en la natación y pudo demostrar al mundo su gran capacidad, su Don.

¿Quieres más ejemplos? Muy bien, otro Michael, esta vez un número uno en el baloncesto, me refiero a Michael Jordan. Considerado el mejor jugador de baloncesto de todos los tiempos, con dos medallas de oro olímpicas, además de ser nombrado cinco veces como el mejor jugador de la temporada y ganar seis títulos con los Bulls de Chicago. Y todo ello fruto de su hiperactividad.. Otro ejemplo, Usain Bolt, ostenta once títulos mundiales y ocho olímpicos como velocista y los records mundiales de los 100 y los 200 metros lisos y la carrera de relevos 4x100 con el equipo jamaicano. Bubba Watson, jugador de golf profesional, ha conseguido 8 víctorias y 44 top 10.

Con todos estos resultados, ¿no crees que el exceso de energía ha significado la razón principal para sus éxitos? Y lo más importante es que el deporte ha ayudado a canalizarla.

Dediques a lo que te dediques, si tu actividad está relacionada con tu talento, tu exceso de energía lo que hará es que lo canalices a través de tu talento. Es decir, tu torrente energético es el vehículo por el cual se manifiesta tu talento y éste a su vez encauza todo tu exceso de energía.

Si tienes tu hijo adolescente, ahora es el momento para permitir que exprese su-s Don-es y Talento-s desde su libertad para decidir. Lo único que necesita por tu parte es tu apoyo.

Para que lo veas de una forma más clara , mira el siguiente esquema

EXCESO DE ENERGÍA

DON

PROPÓSITO DE VIDA /MANIFESTACIÓN DE TU MISIÓN

= ÉXITO PERSONAL

Te acabo de dar una maravillosa noticia. Sólo espero que la puedas entender porque todavía nos queda un largo recorrido.

Éste es el primer paso hacia la transformación y la vida exitosa de tu hijo.

Ahora ya sabes que su hiperactividad, exceso de energía, su sobreatención es su herramienta más poderosa para llevar a cabo sus Dones y Talentos. Si eres capaz de cambiar esta mirada y transformar tus antiguas creencias, le permitirás ser libre para expresarse y ser quien realmente ha venido a ser.

Como te digo, esto es sólo el principio, necesitas saber también cómo piensa, qué pensamientos le predominan más para sentirse tan diferente a los demás.

Vamos a ver cómo es su mente…

CÓMO PIENSA

*"Sólo podemos ver aquello que nuestro cerebro filtra.
El cerebro (sobre todo el hemisferio izquierdo, la parte
lingüística y lógica, que genera nuestro sentido racional
y la sensación de un ego o yo claramente definido) es
una barrera que nos impide experimentar
y conocer cosas superiores.*
-Eben Alexander-

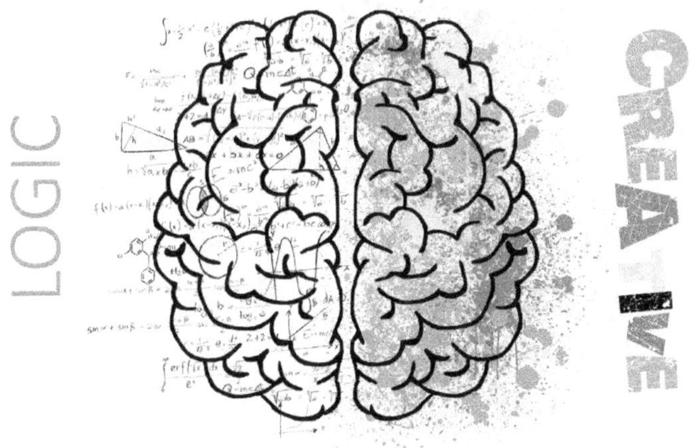

Recordemos que los niños hiperactivos son muy emocionales y tienen su hemisferio derecho mucho más activado. En la siguiente tabla puedes comparar las principales características tanto del hemisferio derecho como izquierdo.

PRINCIPALES CUALIDADES DE AMBOS HEMISFERIOS	
Hemisferio izquierdo **PARTE DERECHA DEL CUERPO**	**Hemisferio derecho** **PARTE IZQUIERDA DEL CUERPO**
Lógico, analítico, explicativo, detallista	**Holístico, intuitivo y descriptivo, global**
Abstracto, teórico	**Concreto, operativo**
Secuencial, lineamiento de ideas	**Global, Múltiple, Creativo**
Lineal, racional	**Aleatorio, general**
Realista, formal	**Fantástico, lúdico**
Verbal, oratoria	**No verbal**
Temporal, diferencial	**Atemporal, existencial**
Literal, cuantitativo	**Simbólico, cualitativo**
Lógico	**Analógico, Metafórico**
Objetivo	**Subjetivo**
Intelectual, frío	**Sentimental, tibio**
Deduce	**Imagina**
Explícito	**Implícito, tácito**
Convergente, contínuo	**Divergente, discontinuo**
Pensamiento vertical	**Pensamiento horizontal**
Sucesivo	**Simultáneo**
Intelecto, secuencial	**Intuición y Múltiple**

SIGNIFICADO DE CADA CUALIDAD	
Hemisferio Izquierdo	**Hemisferio derecho**
Verbal: usa palabras para nombrar, describir, definir	**No verbal**: Es consciente de las cosas pero le cuesta relacionarlas con palabras.
Analítico: Estudia las cosas paso a paso y por partes.	**Sintético**: Agrupa las cosas para formar conjuntos.
Literal: Respeta la fuente original.	**Concreto**: Capta las cosas tal como son en el momento presente.
Abstracto: Toma un pequeño fragmento de información y lo emplea para representar el todo.	**Analógico**: Vé la semejanza entre las cosas, comprende las relaciones metafóricas.
Temporal: Sigue el paso del tiempo, ordena las cosas en secuencias, empieza por el principio, etc.	**Atemporal**: Sin sentido del tiempo.
Racional: Saca las conclusiones basadas en la razón y los datos.	**No racional**: No necesita una base de razón, ni se basa en los hechos, tiende a posponer los juicios
Digital: Usa números como al contar.	**Espacial**: Ve donde están las cosas en relación a otras y Cómo se combinan las partes para formar un todo.

Hemisferio Izquierdo	Hemisferio derecho
Lógico: Conclusiones basadas en la lógica	**Intuitivo:** Tiene inspiraciones repentinas, corazonadas o imágenes.
Lineal: Piensa en términos de ideas.	**Holístico:** Ve las cosas completas
Pensamiento vertical: Análisis y razonamiento	**Pensamiento horizontal:** Creativo, asociativo y nos permite llegar a una solución.

Si te fijas, las descripciones del hemisferio derecho se dirigen más hacia un pensamiento más creativo, intuitivo, imaginativo. Me gusta llamarlo también más profundo, no tan terrenal, basado más en las emociones, en las sensaciones.

En un mundo donde todo se tiene que demostrar para creer, estos niños lo tienen más difícil porque su inteligencia es muy perceptiva. ¿Cómo pueden advertir a sus papás que algún adulto no tiene buenas intenciones cuando ellos ven y reconocen a las personas por la luz que desprenden? O, ¿cómo pueden estar tan seguros, tener tanta personalidad, dar contestaciones tan maduras, gustarle tanto los temas artísticos...? Normalmente los padres no dan importancia a estas actitudes, pero todas parten de su naturaleza.

NIÑOS AMBIDIESTROS

Recuerdo como si fuera ahora cuando estaba en la guardería pintando con las acuarelas y la profesora corrigiéndome porque cogía el pincel, primero con una mano y continuaba con la otra. Me costó adaptarme porqué me obligaron a hacerlo todo con la derecha.

Aunque se considera un inconveniente en el aprendizaje, debo confesarte querido lector que en absoluto estoy de acuerdo. El problema siempre es el mismo: que manipulen nuestra condición.

Los beneficios de ser ambidiestro:

1. El uso de ambas manos posibilita mayor destreza.

2. Es una ventaja en los deportes, juegos de memoria, en la música y es un indicio de salud.

3. Mejor comunicación afectiva.

4. Se aprovechan las dos funcionalidades del cerebro.

5. Se recuerdan mejor los hechos pasados.

6. Se tiene habilidades metacognitivas, (saber lidiar con el conflicto de una manera más serena).

7. Se está más capacitado para llevarse bien con sus compañeros, al tener capacidad de aceptación, comprensión y solidaridad. Y por supuesto empatía.

Según mi punto de vista, ésta es otra de las incongruencias del sistema educativo que obliga a ser dominante sólo con un lado, cuando existen ejercicios como los que te presento a continuación en los que se potencian ambos lados.

Al principio cuesta mucho dominar las dos partes y conforme vas practicando, finalmente se hace de forma sencilla.

Es una buena excusa para jugar también con tu hijo. Os ayudará a experimentar el contraste de un hemisferio al otro. De esta manera le ayudas y te ayudas. Hay que hacerlo sin competición, sólo por diversión. Los resultados llegan y notareis la satisfacción que provoca.

Estos ejercicios además aumentan la calidad de vida.

EJERCICIOS PARA DESARROLLAR LOS DOS HEMISFERIOS DEL CEREBRO:

Vamos a dibujar:

Puedes dibujar círculos continuos con la mano izquierda, si eres diestro. Y luego hacerlo con ambas manos al mismo tiempo. También puedes pintar un dibujo con la mano que menos utilizas. Además, prueba escribir con la mano izquierda, de izquierda a derecha y viceversa. Después lo haces con la mano derecha de la misma manera.

El juego consciente:

Todo un día, utiliza la mano menos hábil. Realiza todas las actividades cotidianas con esa mano, como abrir el grifo, peinarte, cepillar-te los dientes, etc.

Mi abecedario:

Debes escribir en un papel grande todo el abecedario en mayúsculas, procura que no sean más de 6 letras por línea. Debajo de cada letra mayúscula, coloca aleatoriamente "i" (izquierdo), "j" (juntos) o "d" (derecho). Para comenzar el juego, tienes que pararte frente al abecedario y comenzar a decir en voz alta cada letra en mayúscula, levantas el brazo "i" izquierdo, "d" derecho o "j" ambos, de acuerdo a la letra que se ubica debajo de cada mayúscula.

Si te equivocas debes comenzar de nuevo. Luego realiza el juego comenzando por la letra Z. Cuando domines esta etapa, realizas otros movimientos. Al levantar el brazo derecho también tendrás que abrir la pierna izquierda, si levantas el brazo izquierdo debes abrir la pierna derecha y si levantas ambos brazos deberás separar ambas piernas.

LOS ADOLESCENTES

"Pregúntate si lo que estás haciendo hoy te acerca al lugar en el que quieres estar mañana"
–Walt Disney-

Si tu hijo está en la adolescencia o pre-adolescencia, sin duda debes afianzarte ésta frase del también considerado como un mal alumno por su desatención en clase, Walt Disney.

Éste sí que es un tema muy sensible y debe ser tratado con un tacto especial. Nos estamos refiriendo a la "edad del pavo", una etapa de tomar decisiones, de definirse uno mismo, de maduración sexual, en definitiva de cambios y transformación.

Mi experiencia en esta etapa fue muy traumática. Debía decidir qué estudiar. Sólo tenía claro que no quería nada que tuviera números y me interesaba por el diseño, la decoración o la educación infantil El resultado fue administrativo, con asignaturas como contabilidad, cálculo mercantil, matemáticas, matemática financiera, física y química….

Mis padres, desde su conocimiento y buena voluntad me aconsejaron que estudiara para trabajar en una oficina que, según ellos era lo mejor para mí. Recuerdo que el primer año de mis estudios administrativos fue traumático y tuve una lipotimia. Un claro indicio de que iba por un camino equivocado.

Afortunadamente hoy en día hay muchas más opciones en cuanto a poder escoger lo que más te gusta. No obstante el trabajo es más complejo.

En el capítulo "Las Inteligencias Múltiples" podrás detectar qué tipo de inteligencia tiene tu hijo y ayudarlo a elegir su futuro profesional.

La intervención y atención de los padres debe estar presente. Me explico; independientemente de cual sea tu situación, como padre o madre debes responsabilizarte en parte del proceso de transformación por el que pasa tu hijo.

Si tu hijo ha tenido la suerte de no asimilar como verdadero todos los mensajes erróneos que tanto en el colegio como las personas de su entorno le hayan podido transmitir, tienes una importante parte trabajada. Habrá adquirido mucha más seguridad en él y estará más cerca de hacer un cambio positivo. Si es así os felicito.

No obstante, siendo realistas es muy difícil que en esta sociedad ello se dé con normalidad.

Debes ser consciente y actuar cuando en tu hijo se manifieste las siguientes circunstancias o estados:

- Frustración.

- Se siente diferente.

- Le cuesta ser disciplinado.

- Posibilidad de que sea víctima de bullying.

- Es extremadamente sensible y todo le afecta mucho más.

- Podría no sentirse digno de…

- Problemas con la gestión del tiempo.

- Desorganización por su caos mental.

- Su actitud demanda una necesidad de ser amado y respetado.

- Necesita saber que es importante.

- Necesita sentirse valorado.

Nadie ha dicho que ser padre sea fácil, ni muchísimo menos. A pesar de ello, muchas veces los padres actúan de forma automática, sin recapacitar en la actitud que están teniendo.

Y yo os digo a los padres "Deteneos un momento". Pensad y recapacitad porque sois su ejemplo. Lo que tú hagas es lo que aprenderá y utilizará de igual forma. Si le chillas, chillará; si le menosprecias, te menospreciará; si le faltas el respeto, hará lo mismo contigo; si no tienes paciencia, tampoco la tendrá; si no valoras lo que hace bien, no se valorará y tendrá baja autoestima; si no siente tu amor incondicional, bajará todavía más su autoestima, si le quitas libertad antes o después se rebelará en consecuencia.

Aunque ahora lo veas desesperante, te quiero dar una buena noticia; puedes dominar la situación y ver el cambio que tanto anhelas por ambas partes. Es cuestión de tiempo y sobre todo de cambiar hábitos y entendimiento.

Deseo darte más información. El siguiente capítulo es muy importante tenerlo en cuenta. Normalmente los médicos no lo toman en consideración y es algo que identifica especialmente a la persona EA/E, su alta sensibilidad.

"La nueva información hace posible las nuevas ideas".

-Zig Ziglar-

Mira….

SENSIBILIDAD A FLOR DE PIEL

"Nunca pidas disculpas por ser sensible o emocional.
Mostrar tus emociones es un signo
de fortaleza, no de debilidad"
–Ignacio Novo–

Que tema tan importante y ¡cómo pasa desapercibido para los adultos!.

Todas las personas somos diferentes y únicas. Por eso es necesario no hacer un diagnóstico general y etiquetar de buenas a primeras. Una persona hiperactiva además de los rasgos inherentes a su condición, puede tener otras características que también le pueden influir en su carácter y en su día a día.

Así mismo y como dato significativo también hay algunas diferencias entre la hiperactividad o exceso de atención entre niños y niñas. Sobre todo en su manifestación.

Las niñas suelen ser muy distraídas o que sueñan despiertas, son más perfeccionistas, muy emocionales, interrumpen con más frecuencia las conversaciones y su sensibilidad es extremadamente fina (son altamente sensibles).

¿Quieres saber la historia de una niña muy especial?

Eran los años treinta, Gillian sólo tenía ocho años, pero su futuro era muy incierto. Iba mal en la escuela, le costaba ponerse a hacer los deberes y casi siempre los entregaba tarde. Tenía muy mala caligrafía y siempre aprobaba con nota justa. Se aburría en clase, molestaba al resto de compañeros, se movía mucho, no prestaba atención y el profesor continuamente le tenía que regañar. Debido a su comportamiento y sus notas los profesores decidieron hablar con sus padres. Les comunicaron que su hija tenía problemas de aprendizaje y que sería mejor que la llevaran a un centro para niños con necesidades educativas especiales.

Sus padres, preocupados por la situación enseguida llevaron a Gillian al psicólogo para que la evaluara.

Le hicieron pasar a una amplia sala con estanterías llenas de libros y un gran sofá de piel dónde la niña permaneció sentada y algo nerviosa por la impresión que pudiera causar. Sabía que lo que el psicólogo le dijera a sus padres tendría un efecto directo en su futuro a pesar de que ella se percibía como una niña normal y no quería ir a ningún centro para niños especiales. No obstante era consciente que su entorno no creía en ella y viendo cómo su madre contestaba a las preguntas del psicólogo, llegó a pensar que quizás los demás tuvieran razón.

En el otro extremo conversaban los papas de la niña con el psicólogo.

Gillian era muy observadora y se dio cuenta que el psicólogo mientras interrogaba a su madre también la observaba a ella, situación que la puso incómoda y confusa.

Finalmente, la madre de Gillian y el psicólogo dejaron de hablar. El hombre se levantó del escritorio, caminó hacia el sofá, se sentó al lado de la pequeña y le dijo:

-Gillian, te has portado muy bien y te doy las gracias por ello, pero todavía he de hablar un ratito más en privado con tus papás. No te preocupes, no tardaremos.

La niña asintió intranquila y se quedó allí sola sentada. Pero antes de marcharse de la habitación, el psicólogo puso el hilo musical.

Y mientras Gillian se quedaba sola en la habitación, sus padres y el psicólogo la observaban desde otra habitación dónde Gillian no les podía ver. La niña empezó a mover los pies y seguidamente se levantó, empezó a seguir el ritmo de la música con auténtico placer.

Finalmente el psicólogo se volvió hacia los padres y les dijo:

-Señores Lynne, Gillian no tiene problemas de aprendizaje ni atención. Es bailarina. Llévenla a una escuela de danza.

Gillian Lynne se convirtió en una de las coreógrafas de más éxito de nuestro tiempo. Fue la diseñadora de varias coreografías de musicales como Cats y El fantasma de la Ópera. También llegó a ser actriz, directora de teatro y de televisión.

Afortunadamente los padres de Gillian dieron con un psicólogo que supo interpretar el síntoma y gracias a ello esta gran profesional de las artes escénicas ha podido vivir de su talento y ser una mujer de gran éxito.

Sin lugar a dudas, esta niña como tantas otras que les apasiona el arte o todo lo que está relacionado con él, la creatividad forma parte de su vida y junto a una alta capacidad sensorial manifiestan su alta sensibilidad.

El Niño Altamente Sensible (N.A.S) es más inquieto de lo normal y debido a ello suele ser diagnosticado con Tdah, pero no tiene por qué serlo. Es decir, un niño altamente sensible no tiene por qué ser hiperactivo, pero normalmente un niño hiperactivo sí que suele ser altamente sensible, o tener una sensibilidad por encima de lo normal.

El N.A.S suele ser muy observador y puede "adivinar" lo que los mayores piensan, al disponer de una desarrollada intuición. Son adelantados a su edad, con inteligencia filosófica o espiritual. Me refiero a que sus razonamientos van mucho más allá de lo puramente terrenal y pueden dar contestaciones a los mayores bastante sorprendentes. Éste es un buen momento para que el adulto se pare a procesar la posible respuesta y no subestime al niño por ser niño sino que le dé importancia. Es imprescindible que el niño note el respeto hacia él del mayor.

El N.A.S es muy vulnerable y puede ver alterado su bienestar si vive en un ambiente familiar dónde se grita, o si en el colegio hay mucho ruido. Suelen llorar a menudo debido a la incomprensión de sus necesidades.

Y te preguntarás ¿A qué se debe todo ello?. La explicación científica dice que tanto anatómica como fisiológicamente hay un cambio en el cerebro. Sabemos que éste se compone del hemisferio izquierdo y derecho. Es en éste último dónde se gestionan las emociones y residen los sentimientos.

¿Puedes comprobar cuantas semejanzas existen en todos los datos que te voy dando? Pues todavía no hemos acabado con el estudio de los niños, porque también lo podemos ver desde el lado más espiritual o más profundo..

Te lo explico a continuación..

NIÑOS DE LA NUEVA ERA

"No somos seres humanos viviendo una experiencia espiritual. Somos seres espirituales viviendo una experiencia humana".
-Pierre Teilhard de Chardin.-

Quizás te sorprenda el título de éste capítulo y te voy a informar de ello para que comprendas bien su significado.

Para profundizar en este tema se necesita emplear vocabulario espiritual o metafísico (más allá de lo físico). Espero que estés abierto a ello, pues recordemos que somos un ser compuesto de mente, alma, cuerpo y espíritu.

Este es un tema complejo de tratar para todas aquellas personas que son agnósticas, soy consciente de ello, pero no lo debo obviar.

Si te digo que estamos experimentando un salto cuanti-co, un cambio de conciencia, que hay almas voluntarias que se han prestado a encarnar para elevar la concien-cia y lograr así la ascensión de este planeta., ¿Te parece surrealista o disparatado? Espero que no porque tiene mucho que ver con la mayoría de niños diagnosticados con Tda/h o que presentan las mismas características, como los que a mi me gusta llamar EA/E.

Si aceptas esta particularidad, es otro paso más que te acerca a conocer más profundamente a tu hijo. Como te decía anteriormente, se trata de seguir mi-rando hacia la dirección que nunca nos han mostra-do, pero que existe y sólo debes admitir.

Estaremos de acuerdo que hoy en día hay más niños hiperactivos que hace unos años y además de que la mayoría están sobrediagnosticados, hay otra razón. Muchos de ellos son los Niños de la Nueva Era, pero ello no quiere decir que no hayan existido en otras épocas también, lo único que ahora hay más.

En este sentido existen tres tipos de niños (o perso-nas) que representan un estado superior de la evolu-ción humana.

En concreto son tres tipos de niños (o adultos). Los Índigo, los Cristal y los Arcoíris. Haré una breve des-cripción de cada uno de ellos, pero profundizaré un poco más en los Índigo. La razón es obvia; guardan muchas similitudes con los hiperactivos y también suelen ser diagnosticados con Tdah.

Se empezaron a reconocer en la década de los años sesenta y sus diferentes nombres vienen dado según el color de su Aura (parte visible del campo energéti-co). Sus características son:

Indigo:

Su misión es la de "remover la conciencia de la familia". A pesar de que expresa mucho movimiento, su frecuencia es la de unificar. Son personas cuya misión contribuye con el despertar de la humanidad porqué se considera que son un canal de luz y amor.

Dado que son personas con mucha conciencia, su propósito es elevarla en el Planeta y traer el Amor. Son muy enérgicos, desafiantes, rebeldes, impulsivos, no responden a la autoridad, pero no porqué sean maleducados sino por su convencimiento de igualdad, que entre las personas no ha de haber diferencias.

Son diagnosticados frecuentemente con Tdah y cuando reciben la medicación "se apagan". Ello les obstaculiza uno de sus mayores dones que es el de la intuición. Tampoco hacen caso si se les trata con incoherencia. La sabiduría innata del niño hace que sepa discernir entre lo que es "justo" e "injusto" y sólo responden positivamente si se "negocia" con ellos. Hay que llegar a un acuerdo para que entiendan el aprendizaje.

Saben poner límites y decir NO. Necesitan practicar ejercicio físico para poder canalizar su exceso de energía. También les viene muy bien el contacto con la naturaleza y una buena alimentación libre de químicos, colorantes, azúcares y sustituirlo por alimentos biológicos, orgánicos y ecológicos. Recomiendo el libro de Doreen Virtue "El cuidado de la alimentación de los Niños Indigo".

El consejo que se da a los padres es que les permitan recordar Quienes Son. Para obtener más información recomiendo que los adultos lean el libro "Los Niños Indigo" de Lee Carrol y Jan Tober.

Cristal:

Vienen a quitar de la mente todo lo que produce sufrimiento o carencia. Sienten fuertemente todo lo que ocurre. Son híper tranquilos, siempre actúan desde el Amor, la Armonía, la Unidad. Tienen muy clara su misión y suelen retirarse de los demás y a menudo están en soledad. Son silenciosos y los suelen confundir con niños autistas. Se sienten bichos raros y es muy importante validarlos, tenerlos en cuenta. Les va bien el contacto con la naturaleza y las personas mayores ya que son muy sabios y se sienten muy a gusto en su propia compañía. Les va bien que se les apruebe expresar su creatividad porque les permite estar en contacto con ellos mismos. Practicar yoga y la meditación es genial para ellos. Su comunicación suele ser de sonidos, señales, canciones, objetos, para expresar lo que sienten.

Arcoíris:

Su misión es la de unificar los tres chacras inferiores con los tres superiores. Aman la esencia dentro de un cuerpo pero no entienden de sexo. Vienen a sanar el dolor en la culpa sobre todo en lo que se refiere a sexualidad. Tienen ojos grandes de mirada penetrante. En lenguaje espiritual podemos decir que son la encarnación de la Divinidad. Estos niños nos muestran lo que podemos alcanzar cuando desarrollamos al máximo todo nuestro potencial. No sienten el miedo. Nacen con su condición espiritual plenamente desarrollada y vienen a mostrarnos el camino de la paz en nuestro planeta Tierra. Son pequeños avatares cuya única finalidad es servir al desarrollo de la humanidad.

Tanto los Cristal como los Arcoíris puede ser que tarden en hablar hasta los 3 o 4 años de edad.

Lo que estos tres tipos de niños o adultos tienen en común es que poseen habilidades telepáticas. Ven las almas desnudas de su interlocutor y saben por quién están siendo tratados. Vienen a cambiar o a insertar un nuevo tipo de información.

Los tres suelen recibir tratamiento farmacológico y son etiquetados de Déficit de Atención, Autismo, Síndrome de Asperger..

Mi estudio en el tema me lleva a preguntarme ¿por qué hay que poner etiquetas patológicas a estas diferencias? ¿Por qué nos ha de costar tanto admitir que hay personas con habilidades extrasensoriales?.

Si te interesa éste tema y quieres saber más, en internet puedes acceder al test para saber si eres índigo o cristal.

¿Has observado que hay muchas similitudes entre una persona hiperactiva, una altamente sensible y una índigo? No quiero decir que tengan de ser la misma cosa. Me refiero a que son personas con aspectos comunes y seguro que muy diferentes entre ellas. Cada una con una historia personal, un entorno y una educación diferente.

Sin embargo, los psicólogos o médicos tratan sólo la situación o "enfermedad", el síntoma. No hacen un estudio individualizado de la persona como haría Paracelso que atendía a sus pacientes desde el cuerpo y el alma. Sus palabras eran: *"La naturaleza muestra el proceso de la curación. El médico es sólo un instrumento, su tarea consiste en descubrir las relaciones ocultas, coordinar una parte con otra. Tan pronto como el hombre llega al conocimiento de sí mismo, no necesita ya ninguna ayuda ajena".*

Y no puedo estar más de acuerdo. Ésta es la razón principal del porqué de esta trilogía, para que las personas que estén relacionadas con éste tema se conozcan cada vez más y consigan la seguridad que necesitan para que nada ni nadie de fuera les condicione con etiquetas o con argumentos incoherentes.

Los padres que se sienten perdidos porque les falta mucha información al respecto acuden a la medicina convencional y lo común es que les aconsejen el tratamiento, pero hay mucha más información que no se suele dar y es importante tener en cuenta.

A estos niños también se les considera superdotados o con altas capacidades. Veamos este tema más de cerca...

ALTAS CAPACIDADES

¿Qué son las altas capacidades?

Según la legislación española, definen a los niños con altas capacidades como "cuando una persona destaca de forma sobresaliente con respecto a la media de la población". Se refiere a los niños que por su alto nivel intelectual necesitan educación especial. Se cree que estos niños tienen un cociente intelectual superior a 120. Ello representa un 10% de la población.

Algunos centros dónde trabajan las altas capacidades consideran que un alumno tiene alta capacidad cuando destaca en una materia específica, es decir que tiene un talento.

En cuanto a la superdotación la representa un 2% de la población y se contempla con un cociente intelectual igual o superior a 130. Consideran que es la posesión y uso de capacidades naturales sobresalientes sin entrenamiento, es decir que se expresan de forma espontánea. ¿No te recuerda un poco a la definición de tener un Don?

Muy bien, déjame que te lo explique de otra forma:

ALTA CAPACIDAD = CAPACIDAD INTELECTUAL
= COCIENTE INTELECTUAL
= **TALENTO DESARROLLADO**

SUPERDOTACIÓN = CAPACIDAD NATURAL
SOBRESALIENTE = **DON**

Dones y Talentos, Superdotación y Altas Capacidades. Todo es lo mismo visto desde una perspectiva diferente. La forma científica: Superdotación y Altas Capacidades; la filosófica o espiritual; Dones y Talentos.

Así que, si todo el mundo tiene al menos un talento, todo el mundo tiene al menos una alta capacidad. Y las personas que tienen un Don (o más) es porqué tienen una cualidad natural innata, una súper-dotación en algo.

Nunca me ha gustado medir a las personas por su cociente intelectual y es por estas diferencias, que a mi entender están mal enfocadas. Este tema para mí supone un motivo más para etiquetar a las personas, en este caso los niños. Según mi incansable investigación tampoco he observado que haya un criterio claro de cómo valorar estos conceptos que se entremezclan y sin embargo, si los unificáramos todo se vería mucho más claro..

Volvemos a partir de la idea que cada persona es un mundo y no hay dos iguales. Deberíamos valorar a la persona individualmente.

"Cada persona es un pozo de sabiduría que se debe acompañar desde la niñez para que se pueda manifestar en la adultez"

–Neus García Acera-

Las personas a las cuales no se les reconoce su talento ni su Don figuran como tantas otras que tienen un cociente intelectual normal o incluso por debajo. Este concepto no es realista y es una forma de etiquetar, o sea, hacer creer a la persona que es común. Sin embargo, esa persona seguro que tiene como mínimo un talento no reconocido.

En un sistema educativo como el de Finlandia, esto ya está contemplado porque se da a todos los alumnos el mismo trato y oportunidades por igual.

¿Su secreto? La igualdad, dar las mismas oportunidades a todos los alumnos para que desarrollen sus talentos. <u>Cuando no hay diferencias, no hay etiquetas.</u>

Por lo tanto, para concluir con este tema, ¿Se puede tener problemas de aprendizaje y tener altas capacidades o ser superdotado? Como hemos visto la respuesta es SÍ.

Profundizando más en la superdotación, quiero darte datos que demuestran cómo los niños diagnosticados con Tdah, tienen muchos indicios de superdotación, aparte de su Don natural que ya sabemos es su alto volumen de energía. Hablaríamos entonces de que algunos de ellos pueden tener además otros dones. Te lo demuestro con la siguiente información.

Las características que determinan la superdotación y por favor, comprueba tú mismo si se asemejan a las características de los diagnosticados con Tdah:

SUPERDOTADO:

Fuerte sensibilidad del sistema nervioso → hiperactividad, distracción, inatención. = EA/E (exceso de atención y energía)

Habilidad para el razonamiento abstracto → lo poseen más los que presentan EA (exceso de atención)

Amplia variedad de intereses → EA/E

Fluidez verbal → EE (exceso de energía)

Gran curiosidad intelectual → EA/E

Fuente de creatividad → EA/E

¿Has encontrado similitud? Pues sigamos porque la investigación no ha acabado. Seguimos con el concepto de inteligencia.

NUEVOS CONCEPTOS DE INTELIGENCIA

Para Einstein el conocimiento es limitado, en cambio la imaginación no tiene límites.

Según esta premisa, se puede considerar que las personas hiperactivas, y/o con exceso de atención son muy inteligentes, pues uno de sus rasgos más importantes es su alta capacidad de imaginación. Éste podría ser un nuevo concepto de inteligencia:

Cuanta más imaginación, más inteligente eres.

Damos mucha importancia a la inteligencia, refiriéndonos al coeficiente de inteligencia, pero tener valores es una actitud muy inteligente porque a corto o largo plazo te lleva a la satisfacción personal y por lo tanto a la alegría. Y como veremos cuando hablemos de la educación, la alegría es la emoción que nos lleva a un aprendizaje efectivo y seguro.

Afortunadamente hoy en día gozamos de más alternativas para la educación de los pequeños y adolescentes. Siguiendo con los dones y talentos, quiero mencionar el magnífico descubrimiento de las inteligencias múltiples.

Habrás oído hablar de Howard Gardner.

H. Gardner, psicólogo, profesor e investigador de las capacidades cognitivas, considera que <u>la inteligencia es la capacidad de resolución de problemas y la elaboración de productos que sean valorados</u>. Es decir que la inteligencia y los talentos son la misma cosa. ¿No te parece todo un adelanto para la educación?

Enseguida te hablaré de él y de las Inteligencias Múltiples, pero antes revisemos que son los Dones y Talentos y te lo voy a demostrar en la siguiente tabla:

DONES	TALENTOS
• Son sobrenaturales o extra-ordinarios. • La persona nace con ellos. • El Don debe de reconocerse con humildad para que se manifieste adecuadamente.	• Son naturales. • Se heredan de los padres o se pueden desarrollar. • Todas las personas poseen algún talento.. • No se puede compartir con todo el mundo porque hace especial a la persona que lo tiene.
• Ejemplo: Sergio tiene un Don con las manos. Dibuja y pinta plasmando en sus cuadros auténticas fotografías con sus dibujos.	• Ejemplo: Laura en menos de un año aprendió a tocar el piano, el violín y la guitarra.

Dicen que dónde va la atención sigue la energía y en eso te conviertes. ¿Qué significa? Pues que a lo que prestas atención se manifiesta. ¿Y qué sucede con las personas que ponen la energía en diferentes cosas a la vez? Exacto. Que la energía se dispersa porque no está concentrada en una sola cuestión, objeto, situación, etc.

Los talentos también son energía, pero ésta o bien se hereda o bien se desarrolla. En cambio el Don, la persona nace con ello. ¿Y qué sucede con las personas que tienen un exceso de energía? Efectivamente. Que tienen un Don porque no la han desarrollado, han nacido con ello. Su misión en la vida es aplicar correctamente ese Don.

Ahora bien, si la persona con exceso de energía lo usa en su contra, es decir, no fluye con él, todo le sale al revés.

¿Y qué sucede a los niños diagnosticados de Tdah? Pues que todo les cuesta muchísimo más, pero todo se debe a que no les han enseñado a valorar el Don que poseen y todo lo que han aprendido o están aprendiendo va en contra de él, de su potencial energético.

Siento ser dura querido lector, pero es así.

Lo ideal sería encontrar una escuela para tu hijo dónde utilizaran una metodología que ayudara a que cada niño descubriera sus talentos y fuera consciente de su Don o Dones y Talentos.

De nuevo te digo, que tienes en tus manos el libro que te va a dar todos los recursos necesarios para que tengas toda la información que te hará avanzar por el camino que ya has emprendido.

El siguiente capítulo está dedicado a las Inteligencias Múltiples. Juzga por ti mismo si crees es un buen sistema para potenciar los Dones y Talentos de tu hijo.

LAS INTELIGENCIAS MÚLTIPLES

"La enseñanza que deja huella no es la que se hace de cabeza a cabeza, sino de corazón a corazón".
Howard G. Hendricks

En el año 1983 H. Gardner propuso las Inteligencias Múltiples (IM) como modelo de funcionamiento cognitivo. Sostiene que la inteligencia no es algo unitario, sino que hay varios tipos de inteligencias, en concreto 8:

Espacial, Musical, Corporal o Kinestésica, Lingüístico-verbal, Intrapersonal, Lógico-Matemática, Interpersonal y Naturalista.

El ser humano sólo está capacitado para ver con sus ojos el 8% de la realidad total que existe. Tal y como dice la neurociencia, la realidad es una creación inconsciente. Afirma que el yo consciente ocupa solamente un tercio de nuestra capacidad cerebral. Cuando abrimos los ojos, el cerebro realiza miles de millones de operaciones invisibles. Las ilusiones ópticas son ejemplo de que el cerebro reordena la realidad para que tenga sentido. Esto significa que estamos condicionados a no ver un margen del 92%. Este dato tan importante no se tiene en cuenta en el sistema educativo. Significa que <u>sólo damos poder y credibilidad a un 8% de todas nuestras capacidades</u>. Este pequeño porcentaje hace referencia tan solo a una inteligencia, concretamente la celular o kinestésica, es decir la del movimiento que es la que posee el cuerpo. Por lo tanto nos faltaría saber las siete restantes. Sin embargo existen dos inteligencias más que también son inherentes a la persona y forman parte de su cuerpo y vida física que son la psicológica o intelectual y la emocional. Estas tres inteligencias son las herramientas que todo ser humano trae consigo. Por lo tanto nos faltaría saber de las cinco inteligencias restantes, cuáles son las que predominan más en cada ser.

Al ser una pedagogía que favorece el autoconocimiento, las personas con hiperactividad y déficit de atención, en éste caso los niños, ganan autoconfianza y son más conscientes de sus dones y talentos.

A los niños hiperactivos con exceso de atención se les etiqueta con mucha frecuencia de ser poco inteligentes. Nada más lejos de la realidad. Se ha observado que los niños hiperactivos tienen un alto potencial en inteligencia corporal-kinestesica, inteligencia musical y Naturalista y por el contrario tienen niveles más bajos en inteligencia lingüístico verbal e inteligencia matemática. Pero estos datos son generales.

Seguro que hay niños diagnosticados con Tda/h que tienen más capacidad en otras inteligencias. Hay que hacer el test y averiguarlo. De todas formas aconsejo que tanto si eres padre como adulto con hiperactividad leas cualquier libro referente a este tema porque seguro que entenderás mucho más sobre cómo descubrir las potencialidades.

El filósofo griego Platon ya lo decía:

"Es imposible ser experto en todo. El éxito del hombre reside en el conocimiento de un solo arte".

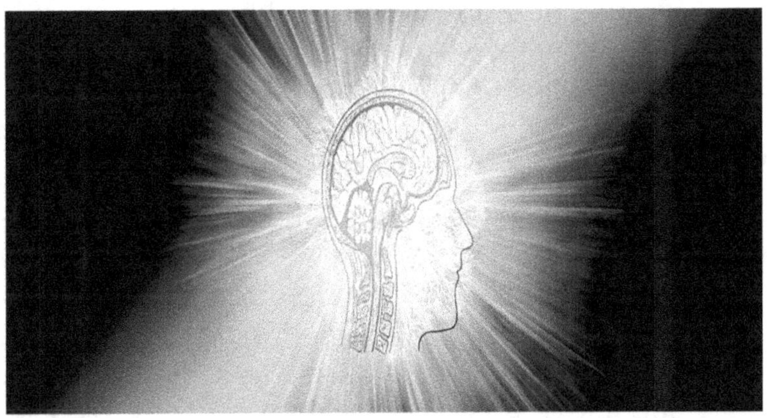

"Cada ser humano tiene una combinación única de inteligencia. Éste es el desafío educativo fundamental"

–Howard Gardner–

Veamos ahora cómo las Inteligencias Múltiples se pueden aplicar a los niños que son hiperactivos o que tienen un exceso de atención.

INTELIGENCIA LINGÜÍSTICO VERBAL:

Se utilizan ambos hemisferios. Se relaciona con la fluidez verbal, el uso extenso del lenguaje, la comprensión del texto, la escritura, la oración y la escucha. Potencial para estimular y persuadir por medio de la palabra. Profesiones: escritor, líderes políticos o religiosos, poetas, vendedores, oradores.

INTELIGENCIA MUSICAL:

Normalmente se utiliza el hemisferio derecho. Tener "buen oído". Esta inteligencia necesita ser estimulada para desarrollar todo su potencial bien sea para tocar un instrumento, o escuchar una melodía. Es la capacidad para escuchar, cantar, tocar instrumentos, componer música. Profesiones: músico, intérprete, compositor, director, crítico musical.

INTELIGENCIA LÓGICO-MATEMÁTICA:

Razonamiento abstracto. Las personas con este tipo de inteligencia utilizan más el hemisferio izquierdo, el analítico. Es el más reconocido por la sociedad actual. Es la capacidad de computación numérica, calcular, formular, verificar hipótesis, los métodos científicos, los razonamientos inductivo y deductivo, resolución de problemas lógicos. Profesiones: economistas, físicos, ingenieros, científicos, matemáticos…

INTELIGENCIA ESPACIAL:

Capacidad para enfrentar problemas de desplazamiento y orientación en el espacio. Saben crear imágenes mentales, hacer esquemas, perciben los detalles visuales, saben dibujar y confeccionar bocetos. También tienen un predominio del hemisferio derecho. Profesiones: artistas, fotógrafos, navegante, arquitectos, diseñadores, publicistas, etc.

INTELIGENCIA CORPORAL-KINESTÉSICA:

Son las personas que a través de su cuerpo resuelven problemas o realizan actividades. Normalmente esta aptitud se manifiesta desde pequeño. Tienen capacidades relacionadas con actividades que requieren fuerza, flexibilidad, rapidez, coordinación óculo-manual, equilibrio, expresión corporal. Profesiones: profesores de yoga, bailarines, fisioterapeutas, deportistas, escultores, actores, mimo, etc.

INTELIGENCIA INTRAPERSONAL:

Tienen un alto conocimiento sobre sí mismos. Entre sus capacidades están la planificación, evaluación, el autocontrol. Meditan con facilidad, son disciplinados, saben comportarse y dan lo mejor de sí mismos. Profesiones: las que estén relacionadas con el autoconocimiento profundo.

INTELIGENCIA INTERPERSONAL:

Personas altamente empáticas (como las altamente sensibles). Es el complemento perfecto para las otras inteligencias. Organizadores y líderes. Se sienten a gusto ayudando a los demás. Profesiones: administradores, psicólogos, terapeutas, docentes.

INTELIGENCIA NATURALISTA:

Es la capacidad de observar y estudiar la naturaleza. Saber identificar diferentes especies animales y vegetales, aprender sus características para posteriormente saberlas aplicar en su propio beneficio. Profesiones: Biólogos, exploradores, naturistas.

*En el siguiente tomo doy ejercicios específicos de yoga para cada inteligencia.

Para finalizar éste capítulo quiero mencionar los casos de éxito de cuatro personas que siendo diagnosticadas de TDAH han llegado a tener un gran éxito en su profesión como golfistas y precisamente gracias a su exceso de atención. Su Inteligencia Kinestésica es un hecho:

Lee Jansen, dos veces ganador del U.S. Open dijo que en vez de TDA debería llamarse TEA "Trastorno de exceso de atención" porqué en realidad no sufres déficit sino exceso.

Payne Stewart también fue diagnosticado de TDAH y también ganó dos U.S. Open. Él decía que cuanto más difícil era el golpe o el campo, mejor era su capacidad de concentrarse y que solía hacer fallos en los golpes más fáciles porqué esos eran demasiado aburridos.

Otro jugador Hank Kuehne decía que el TDAH tenía sus ventajas. Por ejemplo en dar rápidamente con la solución "Con mi cerebro funcionando a miles de kilómetros por hora, las ideas llegan mucho más rápido".

En grandes rasgos los aspectos positivos de las I.M. son:

- No existen las etiquetas.

- No se valora un talento más que otro.

- Se tiene en cuenta la inteligencia emocional. A ella pertenecen las inteligencias a nivel interpersonal e intrapersonal.

- Tiene en cuenta los intereses de los niños en función de su edad.

- El papel importantísimo del docente que deberá decidir qué le interesa más al niño trabajar para su progreso:

    - Sus potencialidades.

    - Los aspectos dónde tenga más dificultades.

    - Todas las inteligencias al mismo tiempo.

- Les ayudan a desarrollar el espíritu emprendedor en los adolescentes para que así puedan crear distintos modelos de empresa y puedan gestionarlos.

- Potencian la creatividad para que puedan encontrar diferentes soluciones y resolver diferentes retos.

INTELIGENCIA EMOCIONAL

"Las emociones afectan a nuestra atención
y nuestro rendimiento"
–Daniel Goleman-

Como te vengo anunciando continuamente, los niños EA/E tienen una sobre atención y ésta se ve también más afectada cuando se trata de temas emocionales, lo cual por supuesto les puede afectar en su rendimiento.

Por lo tanto, a nivel familiar es de suma importancia que el niño perciba las emociones de forma estable. Los padres deberán hacer todo lo posible para que el ambiente en el hogar desprenda armonía, bienestar, equilibrio y sobre todo respeto y mucho amor.

La neurociencia que también trabaja la educación, concretamente la forma que tenemos de aprender y adquirir nuevos conocimientos, apuesta así mismo por dar importancia a tener un buen estado emocional.

Han descubierto que para crear nuevas conexiones entre neuronas el tener un buen estado emocional condiciona de forma considerable el funcionamiento del cerebro ya que un estado de ánimo positivo modula las funciones cerebrales superiores, es decir, las que están directamente relacionadas con el lenguaje; la toma de decisiones, la memoria, percepción o atención. Es decir que si por ejemplo, transformamos la emoción del miedo por la de la **alegría**, obtendremos **confianza**. Si además agregamos el factor **sorpresa**, incrementaremos la **atención**. Finalmente obtendremos **motivación** y por último la **recompensa**. De esta forma el niño aprende con inteligencia emocional y sus resultados serán positivos con seguridad.

El concepto de inteligencia ha evolucionado con los años. En el siglo pasado mayormente se identificaba con tener un cociente o capacidad intelectual alta para razonar, plantear y resolver problemas. No se tenía en cuenta en absoluto la creatividad.

Afortunadamente hemos subido el nivel y hemos ampliado mucho más éste concepto. Te acompaño en la siguiente información, muy importante y a tener en cuenta en los niños.

SALUD E INTELIGENCIA

¿Cómo influye en los niños diagnosticados con Tdah?

Es muy importante que los niños tengan una buena salud intestinal. Verás por qué lo digo:

Un día estando en casa escribiendo este libro y aunque, no suelo ver la televisión, ese día por causalidad, decidí encenderla para desconectar de mi sumergimiento en la escritura. Estaban entrevistando a un fisioterapeuta y psiconeuroinmunólogo. Me encantó escucharlo porque ponía mucha pasión en sus respuestas, lo que significa que le encanta su trabajo y me causó credibilidad. Decidí poner atención en lo que explicaba y sin duda, no me desvié. Ésta es otra de nuestras características, cuando lo que nos explican nos resulta muy interesante, nada nos distrae.

En la entrevista concluía que el intestino fabrica entre el 85 y 90% de serotonina, el neurotransmisor que nos aporta felicidad. y que a través de plaquetas viaja hacia el sistema nervioso central atravesando la barrera hematoencefálica. Cuando el intestino está intoxicado fabricará menos serotonina y la persona se sentirá más triste. Es decir que la salud intestinal y la salud emocional van de la mano.

Si trasladamos esta información a los niños, debemos cuidar muy bien su alimentación, para que tengan un buen sistema digestivo y se sientan siempre felices.

De la importancia del intestino también nos habla Katia Dolle en su libro Tratamiento Natural del Tdah. Recomiendo mucho a todos los padres que lo lean porque descubrirán una información muy valiosa y muy probablemente encuentren la solución.

Y por último, si analizamos éste órgano desde otra perspectiva, sabemos también que se le considera el segundo cerebro, porque tiene más neuronas que la espina dorsal y que el mismísimo cerebro. Es decir que tiene mente propia. ¿Has notado alguna vez cómo cuando has de ver una persona que para ti es importante, la zona del intestino te avisa con un "cosquilleo"?

Ello es una comunicación directa mente-intestino.

¿Acaso piensas que no tiene nada que ver con tener un exceso de atención y energía? Pues sí. ¡Y mucho! Sobre todo en los casos de niños que tienen problemas digestivos, ya que el sistema digestivo está directamente relacionado con el sistema nervioso.

Cuando el aparato digestivo es frágil, la energía se concentra ahí y puede provocar que te siente mal los alimentos que consumes, o puedes tener una alergia por ejemplo al gluten ya que éste afecta al sistema nervioso y al cerebro.

Por esta razón es tan importante hacer una dieta adecuada en la que los alimentos no alteren el sistema nervioso.

Al ser el intestino un órgano sensible en las personas diagnosticadas con Tdah, hay que tener en cuenta su implicación.

Te lo muestro con la siguiente tabla:

IMPLICACIÓN DEL INTESTINO EN EL "TDAH"
✓ El intestino se comunica directamente con la mente.
✓ Cuando hay un desequilibrio con éste organo, el niño puede sentirse triste.
✓ El intestino está relacionado con el sistema nervioso.
✓ El exceso de energía concentrada en éste órgano provoca hiperactividad o exceso de atención o ambos.
✓ Alergia a algún alimento o proteína como por ejemplo el gluten.

¿Queremos más evidencias sobre la importancia de los intestinos en nuestro sistema nervioso y por ende en nuestro comportamiento?

Como hemos visto, es importante no perder de vista éste órgano porque podría ser una de las causas por las que tu hijo manifieste un exceso de atención y/o energía.

Cabe destacar también que si el niño está tomando medicamentos, éstos le pueden afectar al intestino.

Analicemos entonces qué papel juegan los medicamentos en los niños y cuál puede ser el tratamiento alternativo.

TRATAMIENTO FARMACOLÓGICO O ALTERNATIVO

La información que te voy a dar a continuación no pretende ir en contra de ningún tratamiento, son datos reales que hablan por sí solos.

Te recuerdo que mi investigación no es de unos años aquí. Desde mi diagnóstico lo vengo experimentando y en consecuencia, con los años he ido adquiriendo más información. Mi objetivo siempre ha sido entender qué es lo que en realidad había sucedido conmigo. Luego, he comprobado que no estaba tan sola y que bien merecía mi esfuerzo para dar a conocer sobre todo a los padres que hay muchas otras posibilidades para conocer mejor a su hijo y que no las encontrarían en un tratamiento con fármacos.

A pesar de la realidad que vivimos en nuestro sistema sanitario, déjame informarte de algunos profesionales que se han pronunciado sobre el diagnóstico del Tdah y que merecen toda mi admiración.

Son los profesionales de éste siglo XXI que han profundizado en el tema de la hiperactividad (o Tdah) y que aconsejo al lector que si tiene la oportunidad consulte por internet los diferentes comentarios que hacen al respecto. Me refiero a :

María Acaso, Doctora por la Universidad Complutense de Madrid, profesora e investigadora española especializada en el área de Educación Artística.

Marino Pérez, Doctor en Psicología, especialista en Psicología Clínica y catedrático de Psicopatología y Técnicas de Intervención en la Universidad de Oviedo.

Dr. Bruce Perry, alto miembro de la "Child Trauma Academy"de Houston, Texas (Estados Unidos), pediatra y autor de numerosos libros que tratan de explicar la psicología del niño.

Peter C. Gotzsche, biólogo, médico e investigador en temas de medicina. Hay varios artículos en los que manifiesta abiertamente lo nocivos que son los psicofármacos y lo que significan en el Tdah.

Knabel Freud, licenciado en Filosofía y Ciencias de la Educación. Psicología Clínica por la Universidad de Barcelona.(descendiente de Sigmund Freud)

Allen Frances, prestigioso psiquiatra estadounidense.

Otra prestigiosa doctora osteópata estadounidense, Mary Ann Block que defiende los peligros de las drogas psiquiátricas y en su investigación reconoce que no hay ninguna enfermedad.

Y por último quiero citar al prestigioso psicoanalista Juan Pundik, fundador y presidente de Filium, Asociación para la Prevención del Maltrato al Niño y presidente así mismo de la Plataforma Internacional contra la Medicalización de la Infancia. Muy interesante todo su trabajo y dedicación a éste tema. Aconsejo echéis un vistazo por internet.

Yo misma puedo hablar como afectada por el tratamiento que durante casi 10 años (desde los 4 hasta los 14) estuve realizando. En mi caso afectó a mi sistema cardiovascular, sistema inmune y sistema nervioso, provocando en todos ellos una ralentización. Permitiendo así que se manifestara mala circulación a los 15 años, constipados uno detrás del otro y lentitud en mis acciones y forma de procesar la información. Gracias a mi incansable búsqueda hacia la verdad, he podido dar con buenos profesionales en las terapias alternativas y productos naturales que me han ayudado a retomar mi salud.

Volviendo a los medicamentos, en concreto el metilfenidato (o Ritalina) produce mayor docilidad pero ello no inhibe una mejor conducta, ni tampoco proporciona un mejor rendimiento en el colegio.

El doctor Peter R. Breggin, director del Centro Internacional para el Estudio de la Psiquiatría y la Psicología y profesor adjunto del Departamento de Asesoramiento de la Johns Hopkins University ha investigado sobre el tema y dice que "hay algunas pruebas de que la Ritalina puede provocar daños permanentes en el cerebro infantil y en su funcionamiento. La razón es porque la Ritalina disminuye el flujo sanguíneo al cerebro y provoca otras disfunciones graves en el cerebro del niño que se está desarrollando".

Sin querer alarmarte, puedo dar fe de que los efectos de los medicamentos que doy a continuación son reales:

- Pérdida de apetito.

- Anorexia.

- Dificultad para conciliar el sueño, insomnio, nerviosismo.

- Aumento de la tensión arterial.

- Dolor de cabeza.

- Dolor abdominal.

- Tics.

- Irritabilidad debido por ejemplo a erupciones cutáneas.

- Tristeza.

Si tu hijo está tomando medicación, no te preocupes. Me gustaría que estos datos los utilizaras a tu favor y tomes siempre la acción que consideres más correcta.

TRATAMIENTO ALTERNATIVO

Hay varios métodos o técnicas que pueden ayudar mucho a los niños diagnosticados con Tda/h o con un exceso de atención y/o energía:.

Método Tomatis: Reeduca la audición del niño, teniendo en cuenta que muchos niños tienen su aprendizaje mediante el tacto y son menos visuales y auditivos.

EFT Balancing Technique: Actúa mucho en las emociones: ansiedad, angustia. Es muy beneficioso.

Permite fortalecer el campo energético del niño manteniendo su poder personal. (Recordemos que los niños diagnosticados con Tda/h están sometidos a continuos juicios, etiquetas, incomprensión, maltrato psicológico, falta de reconocimiento...que les van debilitando su autoestima y autoconocimento).

EFT Tapping: Proporciona altos niveles de paz interior y confianza en sí mismo. Hacerlo cada noche cuando se va a dormir. Cuando el niño esté en la cama preguntarle ¿me puedes explicar las cosas buenas y malas que te han sucedido hoy?. Mientras lo explican, los padres pueden "tappear" o frotar suave, ligera y amorosamente los puntos específicos.

Debo resaltar esta técnica porque junto con el yoga o el masaje, la puedes compartir con tus hijos y el beneficio es mutuo. No importa la edad. Incluso si es adolescente, le puede venir de maravilla.

Osteopatia: Todos los sistemas del cuerpo trabajan conjuntamente. Mediante la manipulación del sistema músculo-esquelético se puede tratar muchas afecciones o enfermedades.

Terapias Familiares Sistémicas: Bert Hellinger, el creador de éste sistema decía: "Todo padre que se constela, se trate de lo que se trate, libera a sus hijos" Significa que los niños por amor a sus padres llevan su "carga" inconscientemente y ésta se manifiesta a través del fracaso escolar, problemas de aprendizaje, dificultad en la concentración, hiperactividad y cualquier problema que presente el hijo.

Las constelaciones las pueden realizar los padres o uno de ellos, incluso los abuelos a sus nietos, pero <u>nunca los niños</u>. Y si algún día decidieras hacer una constelación para liberar a tu hijo de su carga, no se lo digas.

"La ayuda buena es silenciosa"

– Bert Hellinger-

Programas con animales: La terapia con animales le puede ayudar a mejorar en sus habilidades sociales. Consigue reducir la dosis de medicamentos, sobre todo en la terapia asistida con perros.

Quiropráctica: Los ajustes vertebrales ayudan a que el sistema nervioso trabaje correctamente.

Homeopatía: Ofrece un tratamiento integral a base de unos medicamentos que apenas tienen contraindicaciones. Tiene en cuenta los síntomas, las sensaciones, la constitución física y psicológica además de las circunstancias vitales.

Masaje: Realizar un masaje antes de dormir. Se trata de acariciar su cabecita y cuerpecito mientras está en la cama, antes de ponerse a dormir mientras lo miras y le dices palabras cariñosas. Los beneficios son numerosos; reduce el estrés, mejora la digestión de los alimentos, mejora el sistema respiratorio y lo conecta con la alegría y el amor. Ten en cuenta que todo lo que proyectes hacia él lo recibirá y hará un efecto también en ti.

Yoga: El movimiento de las asanas mejora la concentración así como canalizar el exceso de energía.

Y por supuesto una adecuada alimentación.

Ten presente, lo más importante de todo proceso es:

1. Tomar conciencia para dar el siguiente paso.

2. Discernir (me conviene cambiar o no).

3. Decidir si hago el cambio.

4. Tomar acción.

Es el momento de profundizar en los alimentos y saber qué tipo de dieta es la ideal para estos niños.

UNA ALIMENTACIÓN SANA Y FELIZ

"Cuando la alimentación es mala, la medicina no funciona; cuando la alimentación es buena, la medicina no es necesaria".
–Proverbio Ayurveda-

Hemos visto que la normalidad digestiva favorece el equilibrio emocional. Te recuerdo que hay alimentos que nos hacen estar con una vibración alta, contentos y felices. Son los alimentos que favorecen el desarrollo del cerebro y se acompañan también de unos hábitos saludables.

1. Canela.

2. Omega 3.

3. Frutos rojos.

4. Vitamina E.

5. Vitaminas del grupo B.

6. Beber suficiente agua.

7. Consumir vegetales de hoja verde.

Además te aconsejo que la dieta sea lo más alcalina posible, ya que los alimentos que acidifican el organismo favorecen un desequilibrio en la salud.

INCORPORAR NUEVOS HÁBITOS

- Establecer una rutina bien estructurada.

- Que el desayuno no sobrepase los 15 minutos.

- Preparar al niño avisándole dos minutos antes que va a comer.

- Sentarse a la mesa sin discusiones, sin prisas. A poder ser acompañado de la familia.

- El niño puede ayudar, recoger los platos de la mesa, pero es muy importante decir <u>"Necesito que me ayudes a..."</u>

- Puedes pedirle también que te ayude a elaborar un plato cuando veas que dispone de tiempo libre.

- No imponer. Buscar siempre el diálogo y llegar a acuerdos. "¿Te parece bien cenar ahora? Así me dará tiempo de explicarte un cuento antes de ir a dormir" (o lo que te venga mejor ofrecerle siempre y cuando no implique romper la armonía).

- Si se ha comido bien la comida, reconocérselo como un premio, un acierto, un buen comportamiento.

- Practicar ejercicio físico antes de dormir. El yoga es ideal, tanto para adultos como para niños.

- Comer lo mismo que él para que comprenda que le das lo mejor, ¡porque tú también lo comes!.

- Ser un ejemplo de paciencia, firmeza y constancia.

CASOS REALES

Te presento a una mamá exasperada

A Oscar de 10 años lo han expulsado de la escuela por su mal comportamiento. La madre muy preocupada acude a un psicoanalista especialista en neurodesarrollo Ya había acudido a cuatro especialistas. Tardó mucho tiempo para que le dieran el diagnostico que finalmente fue de Tdah. Como no sabía manejar ni entender a su hijo durante ocho meses fue a terapia y acudió a este profesional porque no sabía adonde ir para poder sobrellevar la situación que le desesperaba.

Finalmente llevó a su hijo a un psiquiatra quien se limita a escuchar y administrar tratamiento farmacológico.

¿Crees que esta madre puede solucionar el problema que tiene con este cuadro?

Ahora el testimonio de una mamá que muy amablemente se prestó para hablar de su dura (emocionalmente) experiencia vivida con su hijo.

Reconozco que todas las historias que me explican me llegan al alma, sin embargo la de éste niño además me indignó.

A Rocío la mamá la conocí mientras realizaba esta trilogía. Coincidimos en un seminario y al comentarle que estaba escribiendo sobre el Tda/h enseguida reaccionó.

-Neus -me dijo- yo te puedo dar mucha información. Conozco a varios padres que están pasando por un proceso muy similar al que yo pasé con mi hijo.

-Te estaría muy agradecida Rocío.

Seguidamente me explicó su testimonio. He de decir que aunque mantuvo la compostura, en algún momento su voz se debilitó. Sinceramente querido lector, hay que tener mucha fortaleza interior para poder soportar las injusticias que se les hacen a estos niños.

Rocío, madre de 3 niños, descubrió la hiperactividad de su hijo Berna cuando éste empezó a andar al año de edad.

Conforme crecía los comportamientos del niño eran:

- ✓ Contínuo movimiento.

- ✓ Llamar la atención constantemente con pellizcos, tirones de pelo.

- ✓ Se subía por todas partes y si se caía no le daba miedo, lo volvía a hacer una y otra vez.

- ✓ No se relacionaba bien con los niños de su edad, en cambio a los más pequeños los protegía.

- ✓ Actitud exasperante y desafiante.

- ✓ Provocador. Siempre intentaba enervar.

- ✓ Líder.

- ✓ Artista. Desde bien pequeñito se disfrazaba y le gustaba actuar.

A todo esto en el colegio le hicieron la prueba de hiperactividad obteniendo unos resultados altos.

Seguidamente lo llevaron a un psicólogo. ¿Te puedes imaginar cuál fue el diagnóstico del profesional? Alta hiperactividad con conductas agresivas, desafiantes, con poca sensibilidad al dolor.

El impacto de los padres todavía fue más tremendo cuando el psicólogo les dijo que muy probablemente de seguir así el día de mañana su hijo tenía muchos números de ser un delincuente o drogadicto y que cuando llegara a la adolescencia la hiperactividad se agravaría dando como resultado una persona altamente conflictiva.

Apreciado lector, ¿sabes que me cuesta seguir escribiendo delante de este "veredicto"?. Hay una gran incoherencia. Un profesional jamás debería hablar así de un niño. No sólo se le está faltando el respeto y mal juzgando al niño, los padres se llenan de dolor al escuchar y tener que aceptar esas palabras.

¿Por qué en estas situaciones no ponemos en duda la veracidad del profesional? Nos han programado para aceptar la incoherencia.

Unos padres siempre desean lo mejor para su hijo, confían en el profesional que lo va a atender. Eso es actuar de buena fe. Pero, ¿te has planteado analizar si ese profesional está ejerciendo su profesión con real vocación?, ¿ama su profesión?, ¿crees que tiene la aptitud innata para tratar a las personas?, ¿ejerce su profesión desde sus dones y talentos? En mi humilde opinión, deberíamos cerciorarnos muy bien por quien va a ser tratado nuestro hijo porque el daño que se hace en la infancia, cuesta curar.

Berna estuvo yendo a salud mental infantil desde los 4 hasta los 15 años.

Por supuesto recibió tratamiento con los consecuentes efectos de dolores de cabeza, de barriga, pérdida de apetito, pérdida de peso, decaimiento... y además le dieron la [1]tarjeta del 33% de minusvalía durante unos años.

Berna, aparte de asimilar que tenía una discapacidad, también se acabó creyendo las etiquetas que le marcaron como la de "ser malo". Lo vivió con un sentimiento de culpabilidad, impotencia, frustración, aceptando el rol dónde la sociedad lo había encasillado. Aprendió a hacer lo que se esperaba de él.

Sinceramente querido lector, ¿crees que es normal estigmatizar a un niño cuando está en la etapa dónde lo que ha de recibir es un aprendizaje positivo lleno de amor, comprensión, apoyo, respeto?

Afortunadamente la madre ante la situación de sufrimiento por seguir el tratamiento decide tomar otra acción: no suministrárselo más.

- Debo decir -me comenta Rocío- que a pesar de que los maestros tenían bastante desconocimiento sobre el tema e insistieron en la medicación, fueron bue-

---

1 *Es la tarjeta de discapacidad acreditativa, documento personal e intransferible.

nos con él. No le hicieron adaptación curricular. Tenía profesora particular en algunas materias.

- Rocío y ¿qué crees que se debe hacer ante esta situación?

- Rocío me contesta:

1. Lo más importante, informar bien a los padres. Su hijo no es ningún enfermo sino que tiene otro tipo de necesidades. "No puedes juzgar a un pez por su incapacidad de subirse a un árbol".

2. Tomar conciencia. La vida de tu hijo se está poniendo en juego si los padres no actúan adecuadamente.

3. Apostar por él, por lo que más le gusta y apoyarlo.

4. Tener sentido común. Recapacitar en la situación tal y cómo se está viviendo y actuar en consecuencia sin desfavorecer la vida de tu hijo. Tomando perspectiva sobre el asunto .

- Lo hemos pasado muy mal –continúa Rocío- pero ahora nos sentimos aliviados. Berna sabe cuál es su propósito. El mismo que descubrió de bien pequeñito, la interpretación y ahora sí que cree que puede. Nosotros hemos aprendido a cambiar nuestra actitud con él, no le damos tanta importancia cuando quiere llamar la atención y todo fluye mucho mejor.

El siguiente testimonio es mucho más alentador y todo un ejemplo para la educación.

En un colegio que practican la educación conscientela profesora me explica el caso de Ivan, un niño con hiperactividad y agravante de conducta desafiante.

Los profesores que lo han valorado dicen de él que es muy creativo, inteligentísimo, inmensamente curioso pero muy movido.

Diagnosticado con Tdah. La profesora de NEE (Necesidades Educativas Especiales) le propuso que aprendiera con acuerdos y le planteó un proyecto de escultura. En principio empezó con plastilina y finalmente acabó con barro, decorando con pintura sus propias figuras. Luego, éstas se exponían en el aula. En la clase de manualidades el niño explicaba su técnica y ayudaba a los demás niños.

Eso sí que es actuar en coherencia.

Estos testimonios tan diferentes, nos hacen cambiar la mirada y valorar los Dones y Talentos que estos niños poseen. Debemos poner remedio para que esta epidemia de maltrato psicológico infantil tenga fin y se valore a los niños por quienes son, por sus dones y talentos. Hemos de apostar por una educación dónde el niño se pueda expresar libremente y las etiquetas no tengan lugar.

Los profesionales que tratan a niños deberían ser personas muy bien preparadas. Están tratando la etapa más importante del ser humano. No puede haber error.

Quiero compartir contigo querido lector, el sentimiento de otra madre que conozco personalmente, con su hijo también diagnosticado con Tdah . Me decía.. "Siempre sentí que éramos como conejillos de indias, tanto el propio niño como nosotros.. Todo era siempre "ir probando", con mucha ambigüedad. Las sesiones con la psicóloga no iban más allá de contarle cómo era nuestro día a día y consejos de "tranquila, mantén la calma" y frases del mismo estilo; ejercicios de refuerzo de conducta positivos y probar medicamentos".

Querido lector, hemos de hacer lo posible para que esta situación cambie y no hayan más padres mal informados ni niños emocionalmente heridos.

Tomemos como ejemplo un país que me fascina por su modelo educativo. En él no tienen cabida las diferencias y los profesionales están muy bien preparados con una real vocación para potenciar los dones y talentos de todos los niños, siendo tratados a todos por igual. Viajemos a Finlandia..

FINLANDIA UN PAIS EJEMPLAR

*"Para ver claro, basta con cambiar
la dirección de la mirada"*
-Antoine de Saint Exupéry-

A veces va bien cambiar la mirada para observar y aprender de lo que sí funciona. Toda mi admiración hacia éste país.

Finlandia tiene un sistema educativo que me inspira Se considera el país con los estudiantes mejor educados del mundo. Y te preguntarás ¿a qué es debido? Enseguida te doy las razones, pero antes quiero que profundicemos en cómo está constituido. Vas a entender qué es lo que marca la diferencia para que los niños tengan una infancia feliz mientras aprenden con éxito.

Su estructura socio-cultural se basa en:

1. Tener una gran red de bibliotecas perfectamente accesibles, bien conectadas entre ellas y con profesionales cualificados. Por ende es muy fácil que los niños se inicien en la lectura a edades tempranas y los libros formen parte de su vida cotidiana.

2. El libro se considera un objeto de gran valor.

3. Los idiomas extranjeros se practican cada día aunque sólo sea con la lectura. En la televisión y el cine todo es en versión original así, desde pequeños aprenden a leer i entender los subtítulos de forma rápida.

4. La mitad de la población adulta se encuentran en formación continua ya que dan mucha importancia al aprendizaje para mejorar y a la vez sirve de estímulo y ejemplo a sus hijos.

5. Las extraescolares están financiadas por cada municipio. Cada escuela ofrece un amplio abanico de estas actividades.

Cabe dar una especial importancia a la involucración de la familia en la educación de sus hijos y se consideran los siguientes aspectos:

1. Toma poder el rol de la madre (o quien ocupe el papel materno)

2. Existe la igualdad de derechos y deberes para educar a un hijo. No hay discriminaciones por razón de género, identidad sexual, ideología, religión o nivel socio-económico.

3. Afecto, respeto e igualdad de derechos y deberes son los valores centrales en la familia.

4. Padres y madres muestran un gran respeto por los profesores y la educación.

Si lo explicado hasta aquí te ha parecido interesante e importante, te doy los datos del sistema educativo que estoy segura te encantaran:.

- Los niños no tienen deberes. ¿sabes por qué? Porque los educadores consideran que necesitan más tiempo para ser niños, es decir, para disfrutar de la vida ya que después del colegio tienen muchas cosas qué hacer. Y son cosas tan importantes como estar con la familia, practicar algún deporte, escuchar música, leer, jugar..

- Apuestan por la experimentación. Por ejemplo si trepan un árbol, pueden aprender sobre los insectos. Luego en la escuela, pueden explicar qué han descubierto trepando un árbol.

- Las horas en el colegio oscilan entre 3 y 4 horas cada día. En total, unas 20 horas a la semana. Justo la mitad que en la mayoría de países.

- Respetan el ritmo del cerebro y dan prioridad a que se relaje cada tanto. La razón que dan es que si trabajas constantemente, dejas de aprender. Esta es la base de su enseñanza.

- Asignaturas como educación física, música o poesía son claves para que desarrollen de forma favorable su cerebro.

- Sus asignaturas son principalmente idiomas: francés, español, sueco, inglés, alemán, finlandés. Cada alumno aprende al menos un idioma extranjero.

- El acompañamiento del profesor es un hecho. El niño no se siente solo y tener un adulto que lo protege le da seguridad. Eso siempre va a favor del desarrollo del niño en los aspectos mental y emocional.

- Los profesores se amoldan a lo que el niño quiera aprender. De esta manera empiezan a ser conscientes de sus dones y talentos.

- Tratan de enseñarles a ser felices, a tener valores como el respeto por los demás y hacia ellos mismos.

- Los profesores se reúnen a menudo

- Todas las escuelas de Finlandia enseñan por igual. No hay diferencia entre una de barrio y otra que esté en la mejor zona de la ciudad. Lo que le permite también a las familias que no deban preocuparse por encontrar una mejor escuela para sus hijos. Hay igualdad.

- No cobran matrícula, con lo cual no existen las escuelas privadas.

Resumiendo, cuantas menos horas pasen en el colegio, más y mejor aprenden.

Además Finlandia está considerado un país con buenos resultados en los informes PISA (Informe de programa internacional por la evaluación de estudiantes).

Su mensaje es contundente: "Permitir que los niños sean niños porque la infancia es un periodo de tiempo muy corto en la vida del ser humano". Un mensaje inteligente lleno de coherencia.

Hazme un favor y por un momento cierra tus ojos y visualízate en un contexto como el que te acabo de describir de Finlandia. ¿No crees que tu hijo aprendería mejor?

Realmente me hubiera encantado haber tenido una educación así. Es ideal para cualquier niño porque le permite Ser y desarrollar sus talentos.

Todo lo que te comparto es para que todos podamos reflexionar y tomar conciencia de dónde está el problema y que no lo tenemos que ver en los niños.

Apostar por la diversidad y la inclusión nos favorece a todos y es un paso a favor de liberar a nuestros niños de las etiquetas que tanto les perjudican.

Con respecto a los padres significa estar atentos al movimiento de tu hijo; qué piensa, siente, hace o necesita y al mismo tiempo aplicártelo a ti; qué pienso, siento, hago o necesito para que la educación de mi hijo sea beneficiosa para todos. En definitiva implica darte cuenta, poner todos tus sentidos en lo que sucede en el momento presente.

Nos adentramos en la educación consciente y respetuosa.

HACIA UN CAMBIO EDUCATIVO

"El objetivo principal de la educación en las escuelas debe ser la creación de hombres y mujeres capaces de hacer cosas nuevas, no simplemente repetir lo que otras generaciones han hecho, hombres y mujeres creativos, inventivos y descubridores que pueden ser críticos y verificar y no aceptar todo lo que se ofrece"
-Jean Piaget-

¿Qué te parece si el sistema educativo potenciara los dones y talentos de cada niño en vez de obligarle a estudiar asignaturas por las que no siente ningún tipo de interés? Sin duda viviríamos un gran cambio social.

El actual sistema educativo, es el mismo desde hace más de 150 años. Si te fijas, todo evoluciona menos el sistema educacional: los coches, los teléfonos, la tecnología en general,…

Todavía se busca la obediencia como rasgo correcto. Dan aprobación a que el niño sea sumiso, no se cuestione nada, no sea curioso, ni observador, ni sepa resolver problemas, tampoco es importante ser inventivo, despierto o audaz…

¿No te parece un gran retroceso?

Efectivamente, la educación tradicional se basa en el comportamiento externo con la intención de cambiar la conducta del niño.

Sólo apuesta por una educación dónde se da importancia a las personas que tienen más desarrollado su parte cerebral izquierda, la que corresponde a la inteligencia más analítica y en cambio no se valora la parte derecha, la de la creatividad e imaginación.

Se destaca mucho los errores, en cambio no se apremia los aciertos. Éste aspecto que pasa inadvertido a los ojos de los mayores, afecta mucho a la autoestima del niño.

Por el contrario, otra educación como puede ser la consciente conecta con los sentimientos y las necesidades, favoreciendo una educación emocionalmente inteligente, la que le conduce a desarrollar sus talentos.

Uno de los recursos que más me encanta utilizar con los niños son los cuentos. Son cautivadores de su atención.

Cuando adviertas o veas que tu hijo tiene un momento de debilidad, se siente inferior, no valorado, etiquetado, o simplemente está nervioso y no atiende a nada; dibújale una sonrisa contándole éste cuento:

UN PEZ DEBE SER UN PEZ

Los animales del bosque se dieron un día cuenta de que ninguno de ellos era el animal perfecto: los pájaros volaban muy bien, pero no nadaban ni escarbaban; la liebre era una estupenda corredora, pero no podía volar ni sabía nadar... Y así todos los demás.

¿No habría una manera de establecer una academia para mejorar la raza animal? Dicho y hecho.

En la primera clase de carrera, el conejo fue una maravilla y todos le dieron sobresaliente, pero en la clase de vuelo subieron al conejo a la rama de un árbol y le dijeron: "¡Vuela, conejo!". El animal saltó y se estrelló contra el suelo, con tan mala suerte que se rompió dos patas y fracasó también en el examen final de carrera.

El pájaro fue fantástico volando, pero le pidieron que excavara como el topo. Al hacerlo, se lastimó las alas y el pico y en adelante, tampoco pudo volar; con lo que ni aprobó la prueba de excavación ni llegó al aprobadillo en la de vuelo.

Convéncete: un pez debe ser pez, un estupendo pez, un magnífico pez, pero no tiene por qué ser pájaro.

-Fábula anónima-

De igual forma hay que respetar las capacidades de cada niño. No por ser menos analítico eres menos válido . Seguro que tu creatividad puede aportar mucho al mundo.

¿QUÉ ES LA EDUCACIÓN?

"La educación es el arma más poderosa que puedes usar para cambiar el mundo".

Nelson Mandela

Veamos el significado etimológico de éste término. La palabra Educar proviene del latín *educare* que quiere decir criar, alimentar, nutrir y *exducere* que significa llevar a, sacar afuera.

Platón (discícpulo de Sócrates) define la educación como un proceso de perfeccionamiento y embellecimiento del cuerpo y el alma.

El Doctor en Medicina y Neurociencia Francisco Mora Teruel afirma:

"Solo se puede enseñar a través de la alegría. Ya que el cerebro sólo aprende si hay emoción".

Y realmente es así. Cuando los niños están felices se puede esperar lo mejor de ellos mismos. La emoción de la alegría es un sentimiento positivo que tiene múltiples beneficios:

1. Es atenuante del estrés y la ansiedad.

2. Nos permite ser más creativos, más propensos a la hora de interaccionar con los demás, más serviciales.

3. Aumenta nuestras defensas.

4. Mejora la salud y felicidad.

La neurociencia también considera que no hay "malos" ni "buenos" estudiantes. Esto es muy significativo. Demuestra que se acepta a la persona tal como es sin etiquetas y se respeta su forma de aprender. Este campo de ciencia se acerca a una innovación educativa más experiencial y vivencial. Propone que los niños en sus primeros años de vida estén en contacto con la naturaleza y no se les fuerce a estar sentados y quietos mucho tiempo. Que el ambiente sea equilibrado y motivador y que le permita interactuar de forma activa y dinámica.

Parecerá que éste es un pequeño avance, pero a mí sinceramente me dice mucho. La ciencia está aceptando aspectos del cerebro humano que nunca antes había tenido en cuenta y que a los niños hiperactivos les favorece enormemente.

La forma de aprender de un niño movido no es la de estarse sentado, quieto, escuchando a un profesor. El niño hiperactivo necesita precisamente eso, experimentar, vivir lo que está viendo, oyendo, tocando o gustando porqué desde la vivencia no se dispersa sino que lo analiza e integra su conocimiento. Es otra forma de aprender. Una forma activa, más creativa y libre para que el niño pueda manifestarse tal y como es.

A los diagnosticados con Tdah se les recrimina también que no tienen suficiente memoria o que olvidan lo que aprenden con facilidad. Pues bien, la neurociencia dice que el olvido es un aspecto importante de la memoria y que para facilitarla nada mejor que la experiencia. Que es muy importante olvidar para aprender de nuevo y que la emoción consolida la facilitación de la memoria.

¿Quieres saber el experimento que se realizó con un grupo de adolescentes y fue toda una revelación? Quédate con el aprendizaje de este experimento.

El experimento de las expectativas:

Todo nos influye y mucho más cuando alguien espera algo de nosotros. Al estar seguros de que algo es así se manifiesta.

Te cuento a continuación cómo las expectativas influyen en los resultados, también llamado el efecto Pigmalión.

Sucedía en un instituto de Estados Unidos. Robert Rosenthal era un psicólogo americano que dedicaba su investigación a observar cómo las expectativas que tienen las personas acaban influyendo en nuestro entorno. Por otro lado Lenore Jacobson era la directora del instituto. Un buen dia Lenore tras conocer las investigaciones de Rosenthal, decidió escribirle una carta dónde le proponía trabajar juntos para aplicar en su instituto sus investigaciones. A partir de ese momento empezaron a colaborar juntos y diseñaron un experimento que tuvo lugar al inicio del curso siguiente. En el instituto de Jacobson pasaron pruebas de inteligencia a más de 300 alumnos. Al repasar los resultados comprobaron que todos los alumnos tenían la misma inteligencia y que ninguno destacaba por encima de los demás. Acto seguido escogieron de todos estos alumnos un grupo al azar y les entregaron unos informes falsos dónde se podía leer que esos alumnos habían tenido unos resultados extraordinarios y que eran unos alumnos de los cuales sus profesores sólo podrían esperar lo mejor. Cuando acabó el curso académico volvieron a coger a ese grupo y les volvieron a hacer la prueba de inteligencia. ¿Adivinas qué sucedió? Exacto. Los alumnos que eran igual que los demás pero a los cuales se les había entregado unos informes falsos con unos resultados extraordinarios, esta vez sí habían obtenido esos resultados extraordinarios muy por encima del resto de alumnos. ¿Y a qué se debe? Pues al convencimiento de los profesores sobre la alta inteligencia de sus alumnos. Los profesores tuvieron durante todo el curso un trato diferenciado con los alumnos que les habían dicho tenían resultados extraordinarios, sin saber que esos informes habían sido falsos. Y quizás te preguntes ¿cómo era el trato diferenciado?

1. Los profesores mantenían más el contacto ocular con ellos.

2. Cuando el alumno se equivocaba, el profesor lo atribuía a que probablemente no hubiera entendido bien el mensaje, pero no dudaba de sus capacidades. Les repetían más veces que al resto las explicaciones.

3. Les animaban más y les daban más oportunidades que a sus compañeros.

Estos aspectos favorecieron tanto el rendimiento de estos alumnos que efectivamente se manifestaron los buenos resultados académicos.

Las expectativas que nosotros tenemos de nosotros mismos como de las personas que nos rodean pueden tener un fuerte impacto en nuestras experiencias e influir directamente en el resultado final que se acaba produciendo.

Algo parecido me sucedió a mí. Recuerdo cuando estudiaba el último curso de Técnico Administrativo, que el profesor que teníamos de Física y Química nos suspendió a casi todos los de la clase. El resultado fue tan desastroso porqué la mayoría no nos tomábamos en serio la asignatura ya que poco o nada tendría que ver con lo que nos tendríamos que dedicar. El profesor, de forma muy inteligente al darnos los malos resultados nos habló seriamente pero en su discurso dijo "Estáis casi todos suspendidos porque no os ha dado la gana aprobar porqué si de algo estoy seguro es que todos sois capaces de conseguirlo y con buena nota. En septiembre tenéis otra oportunidad, espero no me defraudéis". Mientras lo decía, se dirigió a nosotros, mirándonos a todos a los ojos. Observé su sinceridad y me convenció. Enseguida sentí que no le quería decepcionar, que haría lo posible durante aquel verano para estudiar a conciencia los apuntes. Quería demostrarle que su discurso era cierto y pondría todo de mi parte. En septiembre fui a hacer el examen y cuando acabé me dio la impresión de que me había ido bien. Mentira, sentí la sensación que me había ido MUY BIEN, pero automáticamente pensé.. "No puede ser que me haya ido tan bien. Yo no soy buena con los números.. Me quedé un poco preocupada pensando, "Seguro que te has equivocado. Crees que te ha ido bien y cuando veas el resultado, verás que no es así". Mi mente no paró de boicotearme hasta el día de la nota. En fin… ni te imaginas con qué nervios fui a recoger los resultados. El propio profesor nos entregó el examen corregido. Se le veía más contento. Cuando me lo entregó tuve de mirar dos veces la nota… No me lo podría creer. El corazón se me disparó de la emoción.

Había sacado un 9'50. Mi fallo había sido mínimo y por medio punto más no saqué la nota máxima de 10. ¡Cuánto significado tenía para mí! No sé si al profesor le supuso alguna satisfacción, pero a mí me respondió muchas cosas: Que no tenía límites, que si me lo proponía por muy difícil que fuera con constancia, motivación e interés lo podría conseguir. ¡Fuera lo que fuera!. Que había perdido mucho el tiempo creyendo a los demás y casi lo más importante: que yo no era diferente.

¿Qué hizo que sacara tan buena nota? Por supuesto mi esfuerzo por estudiar con constancia durante el verano. Sin embargo las palabras del profesor y su actitud sincera cuando nos habló fueron el desencadenante definitivo para que yo pasara a la acción de la forma que lo hice. <u>Que un maestro sepa motivar al alumno es crucial para el éxito de éste.</u>

Haz la prueba, prescinde del dictamen que los maestros hayan emitido sobre tu hijo.

Confía y cree en él y sus capacidades, lánzale mensajes que demuestren que le amas y aceptas tal cual es, sin poner atención en sus defectos pero potenciando sus habilidades.

CREER = CREAR

LA EDUCACIÓN ALTERNATIVA

¿Recuerdas las características de los niños Índigo? Hay escuelas que tienen en cuenta la naturaleza de estos niños Son las pedagogías Montessori y Waldorf.

Me parece muy enriquecedor que existan escuelas que traten éste tipo de conocimiento. Hemos de abrir más nuestra mente si queremos evolucionar.

Tanto los niños Índigo, como los hiperactivos o los altamente sensible, necesitan un sistema educativo diferente porqué ellos lo son. Una pedagogía que apueste por la creatividad, por el descubrimiento de los sentidos a través de la experiencia.

Si la pedagogía de la escuela dónde va tu hijo no trabajan sus potencialidades, no te extrañe que para él ir al colegio sea un suplicio, un despropósito, una frustración y la actitud que adopte pueda llegar a ser un problema para ti. ¿Por qué? Porqué el niño es muy consciente de que aquel sistema no le favorece en su aprendizaje y se empieza a cuestionar cosas que para él tienen sentido y la realidad que está viviendo no.

Por ejemplo, ¿Por qué he de saber historia ahora y no cuando sea más mayor? ¿Por qué he de aprender matemáticas si a mi me gusta pintar, dibujar o escribir historias? ¿Por qué el profesor le dice a mi mamá que tengo problemas de aprendizaje si nunca me ha preguntado qué es lo que más me gusta?

A éste respecto hay una cita de Confucio que ayuda perfectamente a describir cómo un niño hiperactivo necesita aprender:

"Si lo veo lo olvido, si lo escucho lo recuerdo, pero si lo hago lo aprendo".

Quiere decir que, mayormente se aprende con la experimentación, con la acción, la actividad y con la emoción.

La primera vez que oí hablar de la pedagogía Montessori fue en el libro "Los niños índigo", dónde se hace mucha mención a la hiperactividad.

Montessori

"Todo el mundo habla de paz, pero nadie educa para la paz, la gente educa para la competencia y este es el principio de cualquier guerra. Cuando eduquemos para cooperar y ser solidarios unos con otros, ese día estaremos educando para la paz.

– María Montessori-

Es importante introducir primero quién fue María Montessori para introducir su pedagogía.

Empezó su trabajo como pedagoga tratando a niños con problemas de aprendizaje y a convivir con ellos para observar su comportamiento. A partir de aquí diseñó el material educativo y consiguió que éstos niños aprendieran a escribir y contar. Más tarde adaptó éste método a todos los niños.

En el método Montessori se da mucha importancia al ambiente que rodea al niño así como el material. Ambos aspectos deben estimular el deseo de conocimiento.

La base está en los cuatro principios básicos:

1. La mente absorbente. Los niños tienen una capacidad infinita para aprender.

2. Periodos sensibles. Los periodos en que los niños tienen mayor capacidad de adquirir una habilidad.

3. El ambiente preparado. Ha de ser un ambiente dónde el niño pueda desarrollar la parte social, intelectual, las emociones, las necesidades morales con orden y seguridad.

4. El rol del adulto. Su meta es ayudar al niño dentro de su libertad. Debe despertar su independencia e imaginación. Generar autodisciplina, bondad y cortesía. Motivarlo en la cultura y las ciencias.

En definitiva, este método se basa en:

✓ El refuerzo positivo.

✓ Aprendizaje a través del juego.

✓ Desarrollo de la autonomía del niño.

✓ Respetan el ritmo individual de aprendizaje de cada niño confiando en sus habilidades.

Si sientes que éste puede ser un buen método de aprendizaje para tu hijo, cabe destacar la posibilidad que desde casa también se puede aplicar. Por ejemplo creando rincones de juegos, estimulando los sentidos poniendo diferentes objetos con texturas distintas, adaptando el entorno a su altura para que pueda colaborar sin la ayuda de los adultos..

Como curiosidad, decir que María Montessori pasó una época de su vida en la India y llegó a practicar yoga. De ahí que en muchas escuelas Montessori se tenga en cuenta el yoga como actividad didáctica infantil o como extraescolar.

Waldorf:

"Cuando un niño puede relacionar lo que aprende con sus propias experiencias, su interés vital se despierta, su memoria se activa y lo aprendido se vuelve suyo"

–Rudolf Steiner-

Su objetivo es formar seres humanos libres y que sean capaces de encontrar por sí mismos el propósito y dirección a sus vidas a través del respeto hacia el niño como ejemplo de una educación a nivel de la mente, el cuerpo y el espíritu. En esta etapa los niños no tienen filtros y absorben toda la información como esponjas.

Las escuelas Waldorf tienen en cuenta los septenios ya que cada 7 años el cuerpo renueva sus células. En el primer septenio el ser humano está en el movimiento y la voluntad. En esta pedagogía se considera que el aprendizaje a través del cuerpo es la mejor herramienta y que la voluntad se trabaja desde el ejemplo del maestro y en cómo se vive el ambiente académico. En el segundo septenio (de los 7 a los 14 años) se trabajan las emociones potenciando el juego libre. Se desarrolla así su creatividad y su parte motriz.

La base es el autoconocimiento.

En resumen, éste método trabaja:

- ✓ El desarrollo de las habilidades de cada niño.

- ✓ El trabajo en equipo.

- ✓ La búsqueda de la renovación de la sociedad.

- ✓ Actividades prácticas y juegos creativos (expresión artística y capacidades sociales).

- ✓ En la segunda infancia apuestan por el desarrollo del razonamiento y la empatía.

Otras pedagogías que cada vez se van imponiendo más en las escuelas:

<u>Reggio Emilia:</u>

"Lo niños tienen 100 maneras de expresarse pero les robamos 99".

Loris Malaguzzi

Libro: "Los cien lenguajes del niño"

Características: Los niños son los protagonistas. Los educadores son los guías de cada niño. Les enseñan a descubrir el mundo. Los niños aprenden lo que experimentan.

Su método se basa en:

- ✓ Los niños son los protagonistas.
- ✓ Los educadores son los guías de cada niño.
- ✓ Les enseñan a descubrir el mundo.
- ✓ Los niños aprenden lo que experimentan.

<u>Escuela democrática:</u>

Características: Niños y profesores toman decisiones conjuntas. Asambleas conjuntas para solucionar problemas. No hay exámenes. Se aprende mediante la emoción. Se enseña a colaborar, no a competir. Se respetan los ritmos de cada niño. La naturaleza forma parte de la educación. La creatividad se manifiesta de manera natural. Los errores se ven como una parte más del aprendizaje. Se fomentan espacios para el juego libre.

Más escuelas con pedagogías alternativas:

Escuela interactiva o recurrente, Escuelas comunitarias, Escuelas integrales, Escuela humanitaria, Escuelas bosques, Comunidades de aprendizaje, Comunidades de aprendizaje virtual, Grupos de crianza, Madres de día.

Muy bien, ahora ya tienes una mejor idea de qué educación puede ser más beneficiosa para tu hijo. Estamos en el proceso de "encajar" al niño en una pedagogía para que se sienta más a gusto y sobre todo sea El/Ella en todo momento. Es muy importante que el niño no perciba que se le dirige, es decir que "se le cortan las alas", sino más bien se le acompañe en su aprendizaje.

Hemos de tocar de nuevo un tema que si estás leyendo la trilogía entera, no te será desconocido.

ACOSO ESCOLAR "BULLYING"

"Si brillas con luz propia, eres el foco de atención de aquellos que permanecen en su oscuridad"
-Neus García Acera-

Los niños con un exceso de atención y energía, son niños con un Don especial, su energía. Y a su vez ésta es Luz. Esto es la clave de todo, lo que marca la diferencia en mayores, pequeños y adolescentes. Sin embargo, debido a la información errónea, el concepto que se tiene es muy diferente.

Una de las formas en la que pueden demostrar su Luz, es yendo a favor de quienes son realmente, potenciando sus Dones y Talentos.

Desde pequeños se nos educa para fijarnos también en nuestras carencias, comparándonos y produciendo en nosotros sentimientos de envidia que proyectaremos en los que tienen aquello que no poseemos. El hecho de repetir mucho este sentimiento, generará una creencia que se instalará en el subconsciente (o inconsciente) y se expresará en el mundo físico practicando maltrato o acoso a un compañero de colegio con mensajes negativos.

Además hoy en día también es más peligroso si cabe, que hace unos años, debido al fácil acceso a las redes sociales.

Así que estate muy atento si ves que tu hijo cambia su actitud contigo o muestra algún tipo de comportamiento diferente. Puede deberse a ser víctima de acoso.

Los cuentos con valores siempre nos hacen reflexionar. Acudir a ellos nos facilitan la desconexión del mundo real para estar en el mundo de la imaginación, el de la fantasía, el que tu hijo domina.

¿CONOCES EL CUENTO DE LA LUCIÉRNAGA?

En un campo no muy lejano, una mariquita y una mariposa que eran grandes amigas salían cada mañana a presumir de sus bellos colores. Volaban juntas haciendo dibujos en el aire y llamando la atención de todo el que estuviera cerca de ellas.

Tenían como vecina a una luciérnaga, de la cual se reían y burlaban.

—Eres un bicharraco muy feo.— le decía muchas veces la mariposa sin ningún pudor refiriéndose a la luciérnaga—.

La luciérnaga siempre se mantenía en silencio siguiendo con su rutina haciendo caso omiso a tales comentarios. Ella sabia algo que sus vecinas desconocían porque sólo se fijaban en su apariencia y no cómo era en realidad. Aunque la luciérnaga vivía muy tranquila y segura de sí misma, un día cansada de tanta burla y humillaciones se atrevió a proponerles un plan.

—¿Qué os parece si mañana por la noche nos encontramos en esta bonita pradera? Me gustaría mostraros algo que os sorprenderá. —dijo la luciérnaga con una sonrisa —.

La mariquita y la mariposa, se miraron entre ellas y decidieron aceptar dicho ofrecimiento. Con mucha curiosidad y preparadas para seguir con las burlas hacia la luciérnaga se presentaron puntuales, pero no lograban verla por ningún sitio.

De pronto, un brillo extraordinario apareció en medio del oscuro cielo y como si de una estrella se tratase descendió posándose en frente de ellas. ¡No podían creer lo que sus ojos estaban viendo, pues era ni más ni menos que su vecina, la luciérnaga de la que tanto se habían reído!

Ambas amigas avergonzadas, pidieron disculpas a la luciérnaga por tantas burlas que le habían hecho y se marcharon cabizbajas. Mientras lo hacían la luciérnaga les lanzó un último mensaje:

— Me gustaría que esta experiencia os sirva de ejemplo para no volver a reíros de nadie más, pues la mayoría de las veces las apariencias engañan.

Después de leer este cuento, te hago la siguiente pregunta, ¿Cómo crees que se sentía la luciérnaga cuando la mariposa y la mariquita no habían visto su luz? Excluida, ¿verdad?. Pues así se sienten muchos niños que para la mayoría los ven raros o diferentes. Así se siente un niño hiperactivo o con exceso de atención o cualquier niño que la sociedad le haga sentir que es diferente. Esta situación hoy en día recibe el nombre de acoso escolar o bullying y deja muchas heridas abiertas en la persona que lo sufre. Las cuales arrastrará a lo largo de su vida llegándole a afectar en su normal desarrollo cognitivo, emocional y social.

<u>Las Constelaciones Familiares Sistémicas</u> también tratan éste tema. Te aconsejo no lo omitas puesto que puede ser de gran ayuda para "corregir" esta carga. Es más, si no se trata el sufrimiento, en la familia puede ir a más dado que significa el grito de ayuda que el niño "escucha" e inconscientemente hará todo lo posible para paliar el dolor pagando el precio que tenga de pagar. Por eso es tan importante tomar acción para liberar al niño. Revisa la explicación en el capítulo Tratamiento Alternativo.

"Descubre quien eres, pero no te aferres a ninguna definición. Muta las veces que sea necesario para vivir en la totalidad de tu ser".

-Claudio Naranjo-

Sinceramente siento que, si de verdad queremos que haya un cambio positivo en la educación y queremos que los niños de hoy en día sean felices, sanos mental, física y emocionalmente, debemos cambiar el paradigma que tenemos sobre la educación en general y enfatizar en lo que llaman las necesidades educativas especiales dónde se incluye la hiperactividad y el "déficit de atención" en particular.

Hemos de aprender a pensar y sentir de forma que en nuestro subconsciente se enraícen creencias positivas, que nos hagan avanzar hacia un futuro mejor, dónde todos los niños sean tratados por igual y el ser humano se identifique con sus dones y talentos y los pueda ejercer.

SUS REFERENTES

La familia y la escuela son los dos grandes referentes de los niños. En este sentido, los adultos en general tenemos la obligación de ser su ejemplo

Empezaremos en el sentido inverso, es decir por la escuela y concretamente por el maestro.

EL MAESTRO

"Son los niños los que me enseñaron a enseñar".
José Antonio Fernández Bravo.

Esta reflexión de un maestro, dice mucho. Cuando un maestro se prepara su clase nunca debería esperar las respuestas exactas, pues los niños tienen muchos lenguajes como veíamos en la Pedagogía Reggio Emilia. Las respuestas que nos pueden dar pueden venir de causas que desconocemos y no por ello los debemos de juzgar como no aptos o que tienen dificultades de aprendizaje. Eso es etiquetarlos. Saber escucharlos, saber callar para que ellos se manifiesten es una de las mejores actitudes de un buen maestro.

En definitiva, estar abierto a las lecciones que los niños nos dan a nosotros y aprender de ellos.

Las características de un buen maestro:

- Que tenga auténtica vocación por su profesión.

- Tener interés por la evolución de su alumno.

- Aportar los valores de comprensión, respeto, apoyo y amor incondicional.

- Estar receptivo a las enseñanzas de sus alumnos.

- Saber improvisar.

- No etiquetar "eres tonto", "no sirves", "eres malo".

- Dar a todos los niños las mismas oportunidades por igual.

<u>Una buena actitud por parte del maestro será un gran ejemplo para el alumno.</u>

Uno de los motivos principales por los cuales se considera el sistema de enseñanza en Finlandia uno de los mejores es precisamente porque los docentes han de tener auténtica vocación, larga y exigente preparación y antes no ejercen, pasan por varias entrevistas.

SER PADRES DE UN NIÑO CON TDA/H

Quizás en muchas ocasiones te hayas sentido tan frágil y vulnerable como un castillo de arena en la orilla del mar. O has tenido la sensación de estar permanentemente anestesiado delante de algún conflicto que hayas podido tener con tu hijo, porque no sabes cómo reaccionar.

La desinformación de los padres es casi lo más problemático.

El amor que sientes hacia tu hijo es tan grande que siempre quieres lo mejor para él. Sin embargo, la ignorancia sobre éste tema desequilibra la balanza de tu bienestar y el de toda tu familia y aparece la preocupación. Cuando tu hijo está diagnosticado de algo que dicen los médicos es una enfermedad y que se tiene que medicar, el sufrimiento aparece.

Como sabes, tengo la dura experiencia de haberlo vivido en mi propia piel como hija y como víctima del mal interpretado diagnóstico. Debo advertirte que el niño también sufre doblemente, pues es un ser con mucha conciencia que ve exactamente y se percata del sufrimiento de sus padres. Eso duele.

Entonces, ¿Qué podemos hacer para que al menos el sufrimiento desaparezca?

Como verás seguidamente, cambiando la mirada, pero anteriormente tomando conciencia de cuál es tu rol como madre / cuál es tu rol como padre.

Lo que viene a continuación son una serie de ejercicios transformadores . Forman parte de las Constelaciones Familiares, dónde se trabaja el sistema familiar para sanar su orden natural que normalmente afecta a las generaciones futuras. He de decir que los practiqué en mis sesiones durante el transgeneracional y noté los cambios.

Estamos aquí para ser felices, vivir nuestra vida lo mejor posible con los obstáculos o las pruebas que nos pone. Si las tenemos es porque somos capaces de superarlas.

Veamos cómo funcionan estos ejercicios:

Tu **madre** te dió la vida. Es desde su vientre dónde fuiste gestado y nutrido. Luego te cuidó de la mejor forma que pudo. Es el vínculo más importante que has tenido y tendrás hasta el último día de tu vida. Estamos hablando sobre una conexión esencial con este ser.

A veces las mujeres que deciden ser madres no reparan en éste dato y cuando tienen a su hijo se pueden sentir inseguras, transmitiéndole todos los miedos a su hijo (ya hemos visto que éste punto es una de las causas por las cuales se presenta la hiperactividad).

Vamos a hacer un ejercicio para tomar conciencia de la importancia de éste rol y puedas transmitir seguridad y fortaleza a tu hijo".

EJERCICIO

Independientemente de la relación que hayas tenido o tengas con tu madre, cierra los ojos y visualízala. ¿Qué sientes? Quizás te sientes débil, pequeño, desamparado, abandonado.

Vamos a fortalecer el vínculo: imagínatela frente a ti diciéndole "Tu eres mi madre y yo soy tu hijo. Más allá de lo que sucedió y cómo sucedió, tu eres quién me dio la vida y por ello te doy gracias".

Repite este ejercicio una vez al día durante tres días.

Es el turno del **padre**. Él también participó en tu vida. Se necesita al padre para crear un ser. Tu llegaste a la vida porque tu padre y tu madre se unieron..

Si tienes algún sentimiento de desaprobación hacia él por algo que hizo y te molestó o por las ideas sobre cómo debió haber sido, lo que faltó, sobró, etc., todo ello impide lograr llevar la existencia a su máxima profundidad.

El padre se lleva en el corazón independientemente de cómo haya sido tu relación con él. En éste punto debes considerar que tú eres la unión de los dos, de tu papá y tu mamá. Eres la unión perfecta de ellos dos, de las dos energías; la femenina (de tu madre) que es la creatividad, el hogar, la maternidad y lo masculino; reconocer límites, concretar proyectos, la productividad, los nuevos trabajos, los viajes, emigrar. El padre es también la fuerza con la que avanzas, el pensamiento lógico- matemático. Así que sin el padre también te sientes perdido.

EJERCICIO

Vas a conectar con tu parte masculina. Conecta con tu cuerpo y mira qué sucede cuando piensas en tu padre. Quizás sientas debilidad, inseguridad, una sensación calurosa, amabilidad, tranquilidad, inquietud, paz, contracción, molestia…Con estas sensaciones que percibes, muestra lo sano que tienes el vínculo con él.

Imaginándolo frente a ti le dices "Tu eres mi padre y yo soy tu hijo, más allá de lo que sucedió y cómo sucedió tu eres quién fue hacia mi madre y puso en ella mi vida y por ello te doy gracias".

Repetir éste ejercicio una vez al día durante tres días y comprueba cómo cambian las sensaciones que tienes hacia él.

¡Me alegro que hayas tomado tu tiempo para hacer estos ejercicios!. Estás mucho más cerca de entender a tu hijo diagnosticado con Tda/h. Has vuelto a tomar conciencia, eso es ir al origen para cortar de raíz con aspectos que tenías en el subconsciente sin resolver.

PADRES RESPETUOSOS

Vuestros hijos no son vuestros,
Son los hijos y las hijas del ansia de la vida por sí misma.
Vienen a través de vosotros, pero no de vosotros. Y aunque estén con vosotros no os pertenecen. Podéis brindarles vuestro amor, pero no vuestras ideas. Porque ellos tienen sus propias ideas. Podéis alojar sus cuerpos, pero no sus almas. Porque sus almas viven en la casa del futuro, que vosotros no podéis visitar, ni siquiera en sueños. Podéis tratar de pareceros a ellos, pero no pretendáis que ellos se parezcan a vosotros. Sois arcos que lanzáis a vuestros hijos como flechas vivas. Disfrutad de la tensión que os produce la mano del arquero.

Kahlil Gribran, El profeta

Este texto lleno de sentido te acerca a una nueva información. Entender este mensaje es sumamente importante para acercarte al nuevo paradigma educativo. Es un nuevo despertar.

Seamos sinceros, no hay que cambiar a tu hijo, intenta cambiar tu primero. Y te explico porqué.

Hasta los 2 años el niño tiene un nivel cerebral bajo (Delta) y todo lo absorbe como esponja. Es dónde más rápido se aprende y se graba todo a nivel subconsciente.

Entre los 2 y 8 años los niveles de frecuencia cerebral son un poco más altos (Theta). Aquí todavía se graba todo lo que se percibe del entorno del niño y lo imita.

De los 8 a los 12 años la frecuencia cerebral pasa a ser de nivel Alpha, también se sigue grabando, pero ya filtra algunas cosas.

A partir de los 12 años los niveles cerebrales ya son Beta, el mismo nivel que los adultos.

El niño necesita para su progreso que sus padres lo traten en el mismo nivel que está él porque si no hay un gran desajuste ¿Entiendes ahora por qué te resulta tan difícil entenderlo y que él te entienda a ti? Es decir, debes transformarte en la persona que quieres que sea tu hijo, pero para ello no debes transmitirle tus miedos o creencias limitantes. El niño siempre está creando el modelo que vosotros (los papás o tutores) le dais.

Te voy a poner un ejemplo que sea clarificador. Imagínate que a tu hijo le encanta jugar a futbol y tú se lo prohíbes porque puede sudar, coger frío y constiparse. Está aprendiendo de tus creencias limitantes. En este caso, deberías tú superar ese miedo y dejar que tu hijo juegue a futbol pensando que lo va a disfrutar y va a jugar muy bien.

Conozco una niña hiperactiva y con exceso de atención que le encanta la danza clásica. Sus padres le apuntaron a recibir clases y cuando la veían bailar se reían de ella porque estaba rellenita. ¿Qué crees que ha sucedido? La niña ha cogido mucho complejo y aunque le encanta bailar nunca lo hace delante de personas mayores porque siente que se ríen de ella. Evidentemente los adultos no se ríen de ella, pero a la larga sí que lo harán porque ella está atrayendo en su subconsciente esa situación que acabará manifestándose. Sinceramente, ¿no crees que los padres deberían trabajarse primero ellos su baja autoestima? El problema es de los padres, no de su hija. Esos padres, deberían permitir que su niña siguiera disfrutando de la danza sin limitarla porque lo que la niña está grabando es cómo se sienten sus padres, con complejos. Es incongruente que los padres la apunten a danza clásica si se han de reír de ella. ¿no crees?. Además de encantarle bailar a la niña le iba estupendamente bien practicar danza para canalizar su exceso de energía y le ayudaba también en su gran imaginación y creatividad. Así que los padres, no sólo la están acomplejando, sino apagando su luz. Y otro detalle que la niña está grabando es que la incoherencia está bien, es lo que ha de ser y es lo que formará parte de su vida. No soy adivina, pero se llevará más de un impacto emocional. La han programado para ello.

¿No es mucho mejor construir un reino para ti y tus hijos dónde imperaran valores y creencias que perpetuaran la esencia de quiénes sois realmente? Sé sincero ¿Prefieres que el día de mañana trabaje de algo que no le gusta o por el contrario que viva de sus Dones y Talentos? Si tu respuesta es afirmativa, entonces estás en la actitud y pensamiento correcto.

El niño aprende por imitación. Por lo tanto su primer referente educativo son los padres o tutores. Los valores que te enseñaron tus padres, forman parte de la solidez en tu personalidad adulta. En otras palabras, la seguridad que los padres transmiten a su hijo, le servirá a éste en el día de mañana para tener seguridad en sí mismo y esto le llevará a la autoconfianza y el autoconocimiento. ¿Y cómo se llega hasta ahí? Con el ejemplo. Si eres padre o madre debes ser el modelo a seguir. Para ello has de tener una actitud de <u>coherencia, respeto y amor</u> <u>incondicional</u> hacia tu hijo. Vive manteniendo una conducta coherente, transmitiendo el valor del respeto y acompañándolo con el sentimiento del amor.

Evita imponerle las experiencias que deseas que viva y respeta las decisiones que tome. Se trata de hablar menos y vivir en coherencia con el ejemplo que le quieres dar.

Evidentemente también hay que poner límites y una de las claves es que aprendan a identificar el no. Hacerlo desde el amor, con un tono firme, mirándole a los ojos y estando a su misma altura.

Hay que tener en cuenta que los niños hiperactivos no responden a normas estrictas sino que funcionan mejor llegando a acuerdos.

El mejor regalo que le puedes hacer a tu hijo es darle la felicidad de conocerse a sí mismo, acompañándolo en el camino que él elija y que normalmente tendrá mucha relación con llevar a cabo sus dones y talentos.

Si te dijera, es importantísimo para su felicidad, que hagas este esfuerzo ¿lo harías? Seguro que sí.

<u>Ponle alas a tu hijo, no se las cortes.</u> No hay niños difíciles sino adultos desinformados.

LA RESPONSABILIDAD DE LOS PADRES

"Mis padres me dieron el mayor regalo que cualquier persona podría darle a otra persona: creían en mí".
Jim Valvano

¿Quieres ser un padre responsable? Responsabilízate de que tu hijo descubra y sea consciente de sus dones y talentos y cree en él. Ten claro que no hay talentos más importantes o válidos que otros. Todos lo son por igual ya que no hay niveles.

Crear seguridad en el niño es importantísimo para lograr su autoconocimiento. Pero ¿qué otro factor nos limita? Las etiquetas. Desde que nacemos se nos van autoimponiendo y ello puede llegar a ser un grave problema si la persona las asimila y se las cree. Y si las etiquetas derivan en creencias, el problema ya se ha materializado porque ya forman parte del inconsciente y desde ahí se manifiesta en el plano físico. Como decía Carl Gustav Jung "lo que no traemos al consciente se convierte en destino". Precisamente este reconocido médico psiquiatra y psicólogo admitía que los niños nerviosos o con trastornos psíquicos se debían a los trastornos que pudieran tener los padres. Y recomendaba a los médicos que, delante de un trastorno de un niño nervioso, tratara antes a los padres.

"Sed los entrenadores emocionales de vuestros hijos"

John Gottman

Que los padres emocionalmente sean inteligentes es un alivio para el bienestar del niño.

Déjame explicarte una anécdota que viví en primera persona.

En 1997 viajé a Londres para perfeccionar mi nivel de inglés. Pensé que ir como au pair sería una buena opción y paralelamente me apunté a un curso de turismo en la South Thames College.

Fui a parar a una familia de Wimbledon. Lo que viví allí era lo que menos se asemeja a una familia unida. La madre, una mujer de 38 años desquiciada de los nervios, tenía tres niños preciosos Daniel de 5 años, Emily de 3 y Arthur de 9 meses. No los veía en todo el día ya que se lo pasaba en el club de tenis. Su marido, un ejecutivo que pasaba más tiempo viajando que con la familia, apenas se dejaba ver por la casa.

Jamás había visto unos niños tan desobedientes, pero no era de extrañar, sólo veían a la madre cuando iban a dormir ¡y a veces ni eso!.

Una tarde que la esperábamos en casa, no se presentó y llamó por teléfono, pidiéndome que por favor, atendiera a sus niños y los metiera en la cama a dormir porque ella debía ir a una reunión en el colegio. ¡Por la noche!. Evidentemente no me lo creí, pero tuve de hacerle el favor. Ya te puedes imaginar cuál fue la reacción de los niños cuando les tuve de decir que su mamá no vendría... El mundo se me cayó encima. Debía de pensar en alguna estrategia rápidamente para que a los niños no les afectara sobremanera aquella situación. Lo que sucedió fue un milagro.. Les sonreí y les empecé a explicar un cuento en el cual la mamá era la protagonista.

Mientras les daba la cena y medio asustada, les seguía explicando el cuento. Cenaron sin rechistar, ensimismados en todo momento. Arthur, al ver la reacción de sus hermanos también se tranquilizó e iba sonriendo.. ¡Increíble! Pero eso no fue todo. Les pude llevar a dormir sin ningún problema. Parecía que hubieran estado tocados por una varita mágica.. Y esa varita fue mi imaginación. ¡Bendita imaginación! que me permitió que se durmieran en menos tiempo del que me hubiera pensado jamás... Al poco rato llamó la madre por teléfono... Me asusté pensando que se podrían despertar, pero no fue así. Ni la madre se podría creer que sus niños estuvieran durmiendo y no oyera los gritos de cada noche... Me felicitó.

¿Qué quiero decirte con esta experiencia que me tocó vivir? Que tú tienes el poder. Tu responsabilidad como padre/madre es crear amor, coherencia y respeto.

Como hemos visto, la inteligencia emocional es la capacidad que tenemos para gestionar, comprender o manejar nuestras propias emociones. Ayuda a mejorar nuestra calidad de vida y a relacionarnos con los valores del respeto y la comprensión.

Por último te pido desde el amor que, antes de corregir a tu hijo, te mires por dentro y te preguntes ¿cómo puedo cambiar esta situación para ser coherente con mi hijo y obtener el mejor resultado?. Estoy segura que sabrás hallar la respuesta. Piensa que él está vibrando a otro nivel. Si bajas a su nivel te será más fácil encontrarla.

LA NUEVA MIRADA

"Cosechamos lo que sembramos"

¿Te gustaría sembrar una semilla diferente para vivir una vida más fácil y alegre a pesar de toda la información que los médicos te han dado sobre el Tda/h?

Quiero ayudarte a cambiar esa mirada. Te propongo trascenderla.

Durante muchos años hemos puesto el foco dónde no tocaba, en el problema que no existía.

Una creencia errónea es que suponemos que como adultos ya lo hemos aprendido todo o que sabemos más que los niños. Para mí todo ello son conceptos erróneos.

Alguna madre desesperada por no saber muy bien cómo manejar las demandas de sus hijos me ha comentado que la maternidad está sobrevalorada, pues no es tan fácil educar.

También se necesita aprender y la mayoría de los padres lo hacen siguiendo las instrucciones de los profesionales que, por otro lado no tienen ni idea de las cualidades, habilidades o dones y talentos que posee su hijo.

¿Te has planteado alguna vez ver más allá de lo visible?

A veces lo que parece un problema nos da la oportunidad de cambiar y así aprendemos a gestionar lo que vivimos de forma diferente. Me explico. El Tdah que se le ha dado la connotación de ser un problema, podríamos verlo de diferente manera.

El miedo genera más miedo. Cuando lo trasciendes, te liberas.

Nadie ha dicho que ser padre sea fácil aunque la mayoría de padres deberían cambiar muchos conceptos y creencias limitantes que sin darse cuenta se manifiestan en la educación de sus hijos y también los limitan a ellos.

En esta trilogía hablo mucho de la consciencia y ser padre/madre requiere ser muy consciente para obrar adecuadamente y entender mejor a tu hijo.

Quiero ayudarte.

1. Sé consciente de tu rol y siente cómo estás abierto o abierta a nuevas formas de ver a tu hijo. Toma distancia y míralo desde la nueva perspectiva (como en el texto que antes has leído de Kahlil Gibran) .

2. Acepta cómo es tu hijo y sólo presta atención a todas aquellas cosas buenas y positivas que tú sabes posee. Deposita tu energía en esas cosas. Quizás también recuerdes acciones positivas que ha tenido con respecto a una situación o con alguien.

3. Confía en que esas cosas buenas que recuerdas se pueden manifestar diariamente y que tanto tu hijo como tu las vivís con alegría. Trae ahora hacia ti esta emoción. Respira tres veces sintiendo y visualizando la alegría.

4. Agradece estos aspectos positivos que tiene tu hijo. Date cuenta que son maravillosos.

5. Prométete no emitir nunca más ningún juicio negativo hacia tu hijo. Cuando tenga una actitud

que tu no entiendas o no te guste, piensa: "me enseñaron a que esto está mal, pero estoy seguro que mi hijo no lo hace con la intención de herirme o hacer daño. Estoy seguro que hay un aprendizaje para mí que ahora no veo" y no le des más importancia. Sobre todo no te enfades con él ni contigo. Simplemente no pongas más energía en ello, porque...A LO QUE PONES ENERGÍA,SE EXPANDE.

6. Toma acción. Llévalo a la actividad extraescolar que más le guste o le llame la atención. No importa que sea algo que nunca ha hecho y después acabe no gustándole. Es importante que aprenda a tomar decisiones y sepa diferenciar lo que le gusta más de lo que menos.

7. Llévalo a un profesional de las técnicas que te he mencionado en el capítulo anterior: EMF Balancing Technique, EFT Tapping, Técnica Tomatis, Yoga...

8. Amor, respeto y reconocimiento. Necesita mucho amor de los padres porque se siente muy desaprobado por la sociedad. Así que prescindiendo de cómo se comporte, conecta siempre con el sentimiento de Amor incondicional. Aunque pienses que no lo tiene en cuenta, no es así. Todo lo que hagas por el, te lo agradecerá siempre. Trasciende lo que veas, hay otro mensaje en todo esto. Es el que normalmente no te dicen los profesionales, pero quiero que te quedes tranquilo/a y lo descubras por ti mismo. Quien te lo dice lo ha vivido en su propia piel con mucha consciencia.

"¿Quieres una buena cosecha? Siembra una nueva consciencia".

-Neus García Acera-

MULTIPLICA SUS TALENTOS

Hay algo que me vengo fijando desde hace muchos años y no hay ninguna excepción que confirme la regla porque se cumple al 100% y se trata de dependiendo cómo hayas vivido tu infancia, así te habrá ido de adulto. No falla. No se puede dar el caso jamás de pasar por una infancia dónde no te han valorado, te han despreciado, te has sentido humillado, mal juzgado sin apoyo absolutamente de nadie y ser un adulto exitoso, al menos en tus primeros años de adultez.

Muchas personas no estarán de acuerdo con el siguiente análisis, pero hemos de recordar que estamos hablando continuamente de niños diagnosticados con Tda/h, con un exceso de atención y energía, altamente sensibles, con mucha personalidad, muy seguros de quienes son y con la necesidad de expresarlo. Por lo tanto,

MUTILAR SUS TALENTOS = ALEJARLE DE QUIEN ES = DISTORSIONAR SU ENERGÍA = **TRAUMA EMOCIONAL**

¿Un trauma emocional puede tener su origen en no dejarle expresar sus talentos.? Absolutamente Sí. Nos han enseñado a que todo lo hemos de trabajar mucho y esforzarnos por obtener resultados. Pero.... ¿no sería mucho mejor no tener de esforzarnos tanto si tenemos capacidad para realizar cualquier actividad a través de nuestros talentos? Las consecuencias de no permitir expresar lo que va tan en consonancia con la persona como es un talento, puede llevar a la frustración y ello puede provocar la depresión con estados de ansiedad, nerviosismo, irritabilidad y/o miedo.

Multiplicar sus talentos significa, potenciar sus habilidades y capacidades.. Valorarlos por quienes son. Si conviene, revisa una y otra vez la lista de características que poseen estos niños hasta convencerte de que tienes alguien maravilloso, muy inteligente, con una energía desbordante que es su Don y que tú como su progenitor, debes _entender_. Sólo debes cambiar la mirada. Te animo con todo mi cariño a que lo hagas.

Te sugiero que también vuelvas a echar un vistazo al sistema educativo de Finlandia. No importa que en tu país sea diferente. Te ayudará a tomar conciencia de cuál es el camino correcto, cómo se deben hacer las cosas, qué actitudes son las correctas por parte de los profesionales. Este país no es sólo un buen referente a nivel educativo sino también a nivel sociocultural y familiar.

Si no puedes obtener tu sueño, conviértete en él.

NIÑOS FELICES

El niño de por sí ya es feliz, pero ¿sabes lo que le puede impedir sentir la felicidad? Que haya algún problema entre sus padres y sea testigo de peleas, disputas, riñas, faltas de respeto…, es decir ausencia de amor en la familia.

De la misma manera tampoco se sentirá feliz si lo sobreproteges porque le crearás problemas de inseguridad y le acercarás al miedo, a la baja tolerancia a la frustración, se sentirá dependiente y acabará con una baja autoestima.

Tu hijo no debe satisfacer tus propias necesidades, sino encontrar su propio camino que le llevará a su autoconocimiento, su herramienta más poderosa. Tu misión es acompañarlo, respetarlo y animarlo para que pueda desarrollar su autoconfianza.

Mi consejo para los padres es que antes de que el problema o la situación con tu hijo se manifieste, sería bueno que hicieras un trabajo de perdón, pero no con tu hijo, sino contigo mismo.

La palabra "perdón" significa permitir el don. Es decir, aceptar al otro tal y como es y en este caso a nosotros mismos, a ti mismo. Este trabajo consiste en desconectarse de los juicios, olvidarse del pasado, de lo aprendido y centrarse en el presente. Esto es de gran valor. Es un ejercicio a hacer. Forma parte de los valores que no nos han enseñado pero que ya es momento de poner en práctica.

Hemos de empezar a cambiar nosotros los adultos, porque los niños, tus hijos, nos están marcando hacia dónde hemos de ir. Verlo desde este punto de vista nos ayuda a ser más realistas y a poner solución a lo que antes veíamos como un gran problema.

Las estrategias para ver feliz a tu hijo son varias:

1. En primer lugar y como ya vengo repitiendo, debes dirigir tu mirada hacia sus Dones y Talentos y dejar de mirar dónde le produce más dolor, retraso, insatisfacción, problemas.

2. Valora todo lo bueno que tiene. Toma conciencia que tu hijo ha venido por lealtad a sus padres y os ama profundamente.

3. Respétalo y háblale con la madurez que tiene. Nunca la subestimes.

4. Aunque no entiendas su comportamiento, sabes que reacciona así para mostrarte algo que debes corregir en ti. Puede ser paciencia, toma de conciencia, humildad, cambio de mentalidad,..

Te doy unas cuantas frases que te servirán de guía en momentos dónde antes habían enfados, gritos o castigos. Recuerda que tu actitud siempre sea desde la calma, el respeto, la empatía, el cariño y el perdón. Debes dar un ejemplo coherente.

1. "Confío en ti". Le dará confianza para tomar cualquier decisión.

2. "¿Puedo ayudarte?". Es muy importante que el niño sienta tu protección, pero respetando siempre su autonomía. No hacer las cosas por él.

3. "Entiendo cómo te sientes". Comprensión y validación de sus emociones.

4. "Qué bien lo has hecho". Aprobación. Remarcas lo que hace bien.

5. "Inténtalo de nuevo". No recriminas sus errores. Dejas que se equivoque. El niño siente que hay más oportunidades para él.

6. "Te escucho". Practicar la escucha activa poniéndote a su misma altura con atención. Le demuestras que te importa.

7. "Te entiendo". Comprender su comportamiento sin juzgar. Ello no implica validar malos comportamientos.

8. "Me importas". Hacérselo saber.

9. "No te apures". El niño hiperactivo tiene un ritmo muy acelerado. Por eso está bien transmitir-

le calma. De esta forma puede tomar conciencia de su velocidad.

10. "Vales mucho". Si a los adultos nos gusta que se nos reconozca, imagínate a un niño. Probablemente sea la frase que más feliz le puede hacer viniendo de sus padres.

11. "Puedes contar siempre conmigo". Transmite amor incondicional. Un valor que sin duda le ayudará en la edad adulta.

12. "Que orgulloso/a estoy de ti". Demuestra que te sientes afortunado de ser su padre. Potencia enormemente su seguridad en él mismo.

13. "Tienes razón". Decirla cuando realmente veas que te has equivocado y pedirle perdón.

14. "Te quiero". Decírselo cada día.

Estas frases son una muy buena estrategia para acercarte a el y sin duda que ayudan mucho a potenciar la autoestima, seguridad en él mismo y autoconfianza. Cambiando tu palabra, ayudas al niño a que vea tu cambio y lo valore (aunque tú no lo veas).

Toma nota también de qué frases no debes decirle:

1. "Dame, que no lo sabes hacer.". Déjale probar. Ha de aprender.

2. "No llores". Permitir que manifieste la emoción. De otra forma tendrá un bloqueo.

3. "Mira fulanito, el sí que sabe hacerlo". No compararlo con nadie. El es un ser único.

4. "Ya verás cuando se lo diga a tu papá". Las amenazas no son buenas. Además transmite que el padre es malo y a la madre le quita autoridad.

5. "Te lo prometo". Dar la palabra de algo y cumplirlo enseña qué es el compromiso. Si no lo podemos cumplir mejor no prometerlo.

6. "Eres más tonto.. (o cualquier insulto)". No emitir juicios. Mejor decirle "¿te parece bien lo que has hecho?"

7. "Pero ¿cómo puede darte miedo?". Respetar sus miedos para que los pueda superar. Buscar la manera de convencerle de que no hay razón para tener miedo.

8. "¡Lo digo yo y se acabó!" o "¡que te calles!". El autoritarismo no funciona para ningún niño y mucho menos para los hiperactivos. Mejor darle una explicación dónde pueda reflexionar posteriormente.

9. "Todo lo haces mal" o "pues yo a tu edad..". No le estás viendo sus capacidades.

10. "Nunca me das una satisfacción". No confías en sus posibilidades de hacer bien las cosas o de tener un comportamiento adecuado.

Pongamos un caso práctico:

Quiero que recuerdes un momento en el que tu hijo te ha sacado de quicio por el motivo que sea. No veas ese momento como algo malo. Transfórmalo. ¿Cómo? Cambiando tus creencias que te limitan, es decir, tu paradigma.

1) Aceptando que eso está ocurriendo.

2) Que hay un aprendizaje para ti.

3) Mira a tu hijo como un ser sabio.

Y a continuación

4) Por un momento debes olvidar los conceptos, las creencias, los mensajes erróneos que hasta ahora te han impuesto y has aprendido.

5) Ser consciente del momento presente, tomar distancia con lo que está sucediendo y enfocarte en el amor. Intenta ver a tu hijo como un ser que ha venido a darte alguna lección y que no tiene de ser dolorosa. Quizas te está enseñando a ver la vida desde otro punto de vista. .

Muy bien. Sigamos trazando su felicidad.

- Siempre que haga algo bien, reconócelo.

- Cumple lo que le prometes. Si le has prometido algo y por lo que sea no lo puedes cumplir, explícaselo porque no ha podido ser y cumple con tu palabra para el próximo día.

- Pregúntale qué es lo que más le gusta. Quizás un día te diga una cosa y otro día cambie y te diga otra. No importa. Eso le ayudará también a definir más su auténtica pasión.

- Dile que le amas a menudo (sin hacerte pesado o pesada).

- Acostúmbrate a explicarle historias o a que él te explique alguna. ¡Y si es inventada mejor que mejor!. Todo lo que haga fluir su imaginación es un bien para él.

- Que el juego esté muy presente. Puedes recurrir a los juegos en familia que te he puesto en un anterior capítulo o que él juegue solo.

- Enseñarle a valorar su espacio, su habitación . De esta manera aprenderá un poco más a ser ordenado y a organizarse.

- Obligatorio que haga extraescolares (o una actividad física como caminar después de la jornada del colegio). Lo que más le guste, pero necesita "quemar" su exceso de energía para dormir mejor y poder descansar. Es muy importante para su bienestar y desarrollo mental y físico.

- Tener una mascota en casa le viene muy bien para desarrollar la responsabilidad, ser constante, aprender a gestionar el tiempo, le puede ayudar también a socializarse.

Antes de dormir, un masaje suave a base de caricias. También le puedes poner una gota de aceite de lavanda 100% puro para relajarse.

Si sabéis yoga, sería muy bueno que hiciera unas asanas sencillas que le llevaran a la relajación.

Por ejemplo:

LOS NIÑOS DE PADRES SEPARADOS

Aunque estés separado o separada de tu pareja, la felicidad de vuestro hijo ha de ser lo primero. Sé que es un tema delicado porque evidentemente las emociones se manifiestan y es duro ver como pasa un fin de semana fuera de ti.

Si la pareja no se lleva bien, ese debe ser uno de los motivos que no debe afectar al niño. El hijo es el motivo de unión. Se deben llevar bien en todo lo que concierne al niño. Ha de haber respeto el uno por el otro. Recordad que sois su ejemplo.

Como te vengo repitiendo, tu hijo te está mostrando algo que debes superar. Cuando se dé la situación, míralo desde este punto. La situación es la que es. Vosotros queréis su felicidad. Nunca le demuestres que estás triste porque el lo sufre también. Ten siempre presente que viene a sanar el dolor de la familia. Haz todo lo posible para entender la situación que no es ni buena ni mala, es la que tiene de ser para la evolución de todos.

Y piensa que no estás solo o sola. Tenemos muchos recursos para llevar mucho mejor las pruebas que nos pone la vida.

"Tómate la vida como un juego y avanza con cada experiencia que te presente. Tu ya eres el ganador si así decides serlo"

-Neus García Acera-

Mi gran compromiso querido lector es llegar al máximo de adultos para que cambien la visión de su vida, porque nos han programado con un "software" equivocado y ahora nos toca reprogramarnos para cambiar nuestro destino.

Debes desaprender para volver a aprender.

¿Qué te parece si continuamos con más estrategias? Te animo a que continúes con tu vibración bien alta. El siguiente método es un motivo más para jugar bien tus cartas.

¡Ya eres ganador!.

PNL
UNA BUENA HERRAMIENTA

La Programación Neurolingüista (PNL) es una potente herramienta que mejorará la conducta de tu hijo y te permitirá entender y conectar mucho mejor con él. Favorece la autoestima, sus relaciones y en general su proceso de aprendizaje.

Es importante que conozcas cómo aprende, es decir la forma en que recibe la información del exterior. Ésta puede ser:

Visual, con imágenes. Para potenciar su desarrollo es aconsejable estimular su creatividad con dibujos, gráficos, mapas, esquemas.

Auditivo, vía oral. Para potenciar su desarrollo es muy bueno los debates, las lecturas en voz alta, prestar atención a las letras de las canciones.

Kinestésico, con la interactuación o movimiento, con el tacto, de forma física y material. Potencian su aprendizaje con los juegos de rol, los experimentos y cualquier actividad que pueda ser combinada con el movimiento: viajar, hacer excursiones, visitar lugares…

Normalmente los niños con exceso de atención y energía suelen ser más kinestésicos.

Otra característica muy importante de la PNL es la de enfatizar en el niño sus aspectos positivos, potenciar sus virtudes, sus fortalezas, consiguiendo así una mejor conducta en el niño.

Se trabaja con lenguaje positivo y asertivo y con el anclaje permitiendo con los vínculos positivos llegar a un buen estado emocional. Por ejemplo, "el lápiz de la suerte", "mi color favorito". Estas frases anclaran en su subconsciente el mensaje que el lápiz de la suerte le ayudará a hacer un buen examen o que llevar su color favorito le puede beneficiar en cualquier situación.

Quiero darte más ideas para que tú las puedas desarrollar cuando estés en familia, por eso te propongo la mejor actividad para realizar con tu hijo, dónde podréis someteros a unas reglas de forma lúdica y divertida a la vez que creativa.

JUEGOS Y EJERCICIOS EN FAMILIA

"Aprendemos jugando"

Éste es el lema que todo niño debería tener integrado en su mente.

Cuando yo era pequeña el juego me lo enfocaban como una actividad que se podía hacer cuando estuvieras libre de obligaciones. Personalmente lo viví como pérdida de tiempo o llenar el tiempo libre de algo que solo aportaba un placer infantil.

No obstante recuerdo con satisfacción y mucho amor los ratos que mi padre dedicó a jugar conmigo. Sin duda, uno de los mejores recuerdos de mi infancia.

El juego es un recurso maravilloso y yo diría que no tan sólo para los más pequeños sino también para los adultos.

Todos llevamos un niño que a lo largo de nuestra vida se quiere comunicar en nuestro interior con nosotros pero no lo escuchamos. Jugar con tu hijo es la excusa perfecta para conectar con tu niño interior a la vez que ayudas a tu hijo en su desarrollo y aprendizaje.

Te propongo una serie de juegos y ejercicios para que en cualquier momento que se pueda dar la ocasión, lo hagas.

Por supuesto se pueden añadir todas las personas que lo deseen. Adáptalos a las personas que participéis.

¡Empezamos!

1. Historias estrofadas. El primer participante empezará con una estrofa y por turnos, seguirán los demás con su propia estrofa hasta crear una historia totalmente inventada por todos. Se puede complicar si cada uno ha de recordar y repetir la historia entera y agregar su parte al final.

2. Piedra, papel o tijera.

3. ¿Quién soy? En una etiqueta se escribe un personaje famoso. El participante que lo lleve enganchado en la frente deberá de descubrir quién es a base de preguntas que los demás participantes deberán ir contestando sin decir el nombre hasta que lo adivine.

4. El teléfono distorsionado. En un círculo, el que empieza le dice al de al lado en voz baja para que no lo escuche nadie una palabra o frase muy rápida. Éste lo dirá al siguiente y así sucesivamente. Cuando llegue el último debe decir en voz alta la frase que ha escuchado. Compro-

barás cómo no tiene nada que ver con la que se dijo en un principio. ¡Súper divertido!

5. Veo, veo… También lo conoces.

6. Trabalenguas.

7. Chistes.

8. ¿Qué canción es? Cantar una canción y adivinar el título o el cantante famoso que la canta.

9. Director de orquesta. Se trata de escoger una canción que todos sepan y comenzar a cantarlas en voz alta. Uno ha de ser el director de la orquesta que dará una señal para que todos continúen cantando pero en silencio y dará otra señal para continuar cantando en voz alta. Es muy divertido porque cuando se reanuda la canción todos deberían seguir cantando la misma parte, pero…. Nunca es así…

10. Dibuja un cuento. Un participante explica una historia y los demás que ya tendrán su hoja en blanco y sus colores encima de la mesa, irán dibujando lo que explique.

11. La bolsa de las sorpresas. En una caja (o en una bolsa oscura) pones objetos. Con los ojos cerrados cada participante ha de adivinar de qué objeto se trata.

12. Los rompecabezas.

13. Fíjate bien. Mostraremos diferentes dibujos o imágenes de diferentes objetos en un periodo breve de tiempo. Después ha de recordar todos los detalles que ha visto; el objeto, el color, la situación dónde estaba. Cuantos más detalles dé, mejor.

14. Clasificar objetos según su forma, su color o la característica que tengan.

15. El globo. Ejercicio de respiración. Inspirar muy despacio permitiendo que el aire entre por los pulmones y llegue al abdomen. Después exhalar lentamente hasta que el abdomen se desinfla.

16. La carrera lenta. Gana el que tarda más en llegar a la meta, haciendo movimientos muy lentos.

17. Soy positivo. Hablar con frases y afirmaciones positivas lo que dure el juego.

18. Cuentos. Explicarlos, leerlos o inventártelos.

19. Hacer representaciones. Sobre todo si ves que a tu hijo le gusta disfrazarse, la interpretación…

ANTES DE FINALIZAR

Quiero hacer un último repaso porque no quiero despedirme de ti sin remarcar lo esencialmente importante. Intenta incorporar las claves que permiten la transformación:

Los niños son seres humanos con capacidad de sentir sus propias respuestas.

Desecha el autoritarismo porque lo alejará de vosotros, los padres. La imposición le genera impotencia y le enfría el alma y el corazón.

Cuando le castigas debilitas su conciencia.

Fomenta la autodisciplina, la autoconfianza, la fortaleza interior.

Si enseñas, debes haber conquistado previamente la enseñanza o lección.

El niño necesita:

Saber que estais (los padres) dispuestos a hacer el camino juntos.

Sé consciente que tu hijo te muestra siempre un aspecto tuyo a mejorar. Por ejemplo cuando no sabes poner límites el niño te lo puede mostrar poniéndote nervioso con su actitud

<u>El niño constantemente te está invitando a conocerte y reconocerte.</u>

El niño ama profundamente a sus padres y le es leal. Carga con las creencias que sus padres le van autoimponiendo y lo hace por lealtad. Mucho de lo que el niño te muestra no es suyo si no de la familia, son las cargas del antiguo paradigma familiar. Los padres deberían ayudarles a soltar esta mochila.

Mira más allá del comportamiento que te parece inadecuado, rebelde.

Necesita ser tratado como un ser inteligente y completo que trae consigo nuevas estructuras y te abre el camino.

¿Crees que ya lo has aprendido todo acerca de tu hijo?. En absoluto. Ahora tienes tu cabeza llena de información y quizás sientas que no sabes cómo aplicarla. Todavía hay mucho más. Nuevos conocimientos, nuevas estrategias y mucha práctica porque ahora es el momento de tomar acción.

En este tomo has hecho un largo trayecto y has profundizado en elementos que muy probablemente nunca te habías planteado pueden formar parte de la hiperactividad o exceso de atención de tu hijo. También te has podido dar cuenta de los obstáculos que interrumpen o impiden el buen desarrollo de todos los talentos que sin duda tiene tu hijo

Es importante reconocer que <u>el trastorno que pueda tener el niño diagnosticado con Tda/h es el no reconocimiento de sus dones y talentos.</u>

Se trata como hemos visto de cambiar la mirada, de actualizar la información que nos va llegando, pero desde el amor.

Se trata de ir a favor de lo que la vida te ha dado, no de quitártelo, menospreciártelo o no valorarlo.

Se trata de vivir en coherencia, permitiéndole manifestar todo lo bueno y positivo para dejar de prestar atención a lo malo y negativo. Cuando pones atención en todo lo bueno, lo bueno se pondrá mejor.

Se trata de aprender para desaprender lo que ya no sirve.

Se trata de amar lo que hace, tiene y Es.

Se trata de dignificar a tu familia, tus ancestros, tus orígenes.

Se trata de decir la verdad porque la verdad te hace libre y ya no vives con el peso que no te deja avanzar.

Hemos visto que hay que preparar bien a los adultos para que no hayan más niños víctimas de una sociedad que no está preparada para ellos . Con el ejemplo de Finlandia como país de referencia te has podido dar cuenta qué prioridades hay que tener para que haya orden y coherencia; unos profesores con real vocación; una educación sin etiquetas, con las mismas oportunidades para todos, priorizando el aprendizaje óptimo del niño, con valores como el respeto, la humildad.

No hace falta tener títulos académicos para ser exitoso. Es necesario trabajar de tus dones y talentos.

El tema está en saber que tienen otras necesidades y funcionan con otra "tecnología".

La educación del niño con un exceso de atención y energía necesita una metodología diferente, tanto a nivel familiar como en la escuela.

Utiliza los recursos que te doy y concede un nuevo comienzo a éste camino tan apasionante que es el de reconocer a tu hijo por la persona que realmente es con sus dones y talentos.

Ahora viene la pregunta que te he anunciado al principio de éste tomo. Después de toda la información que has leído, ¿sigues creyendo que tener un hijo EA/E (con exceso de atención y energía) es un problema o una bendición?

Si te he podido ayudar con toda la información que he puesto a tu disposición, me sentiré inmensamente satisfecha.

Te espero en el siguiente tomo, dónde alcanzarás un nuevo entendimiento. Vas a trabajar directamente con tu Don. Estás llegando a tu Maestría.

¿Quieres ser pionero de una nueva educación?

No te preocupes porque en el siguiente tomo está todo preparado para que cuando inicies la lectura, empieces ya a practicar siguiendo el orden que te marco.

Mientras tanto….Sé feliz

GRACIAS. GRACIAS. GRACIAS.

AYÚDAME A CREAR MAS CONSCIENCIA

Me encantaría que me ayudaras a expandir toda la información que aporto en esta trilogía para que más niños y padres puedan conocer verdaderamente la naturaleza de su hijo viéndolo como un niño normal, simplemente que tiene necesidades diferentes a la media.

Tengo el compromiso de cambiar el sufrimiento por el que atraviesan estos niños y acompañarlos hacia el amor incondicional y la comprensión.

Me siento en la obligación de transmitir a los padres un mensaje esperanzador y tranquilizador para que cambien su realidad hacia la normalidad absoluta.

Para todo ello te agradecería que te hicieras una foto con este libro y lo publicaras en las redes sociales o regalaras un ejemplar a toda aquella persona que le venga bien esta información.

El 10% de los beneficios de estos libros se dona a causas benéficas, todas relacionadas con los niños.

Cuando das recibes, porque dar y recibir es lo mismo.

Entre todos podemos lograr un mundo más justo y feliz.

Si tu cambias, todo cambia.

LAIN GARCÍA CALVO

El libro La Voz de tu Alma llegó en el momento adecuado. Había leído muchos libros de crecimiento personal, metafísica y autoayuda. Finalmente con este libro encontré las respuestas a las preguntas que durante tantos años me había hecho.En el se hallan los Principios Universales explicados de forma clara y a la vez cautivadora. Cuando lo empiezas a leer no te puedes desprender de su lectura, pues te sientes protagonista.

Es un libro no sólo para leer, sino para estudiar y trabajar en él, porque toda su información es de gran valor.

Gracias Lain García Calvo por este maravilloso libro que sin duda me acompañará siempre, pues nunca se acaba de aprender su poderosa enseñanza.

MI TRILOGÍA COMIENZA EN:

CONTINÚA EN:

BIBLIOGRAFIA

TRATAMIENTO NATURAL DEL TDAH de Katia Dolle

LOS NIÑOS INDIGO de Lee Carroll y Jan Tober

VIDEOS

NEUROCIENCIA Y EDUCACION - Dr. David Bueno

WEBS

www.bosquedefantasias.com

SÍGUEME EN MIS REDES SOCIALES

 Neus García

 neusgarciaacera

 Neus Garcia Acera

 www.neusgarciaacera.com